Franck Fischbach est professeur à l'Université de Strasbourg et membre du Centre de Recherches en Philosophie allemande et contemporaine (CREΦAC).

PHILOSOPHIES DE MARX

DANS LA MÊME COLLECTION

BARBARAS R., *La perception. Essai sur le sensible*, 120 pages, 2009.

BENOIST J., *Éléments de philosophie réaliste*, 180 pages, 2011.

BINOCHE B., *Opinion privée, religion publique*, 240 pages, 2011.

CHAUVIER S., *Éthique sans visage*, 240 pages, 2013.

GODDARD J.-Ch., *Violence et subjectivité. Derrida, Deleuze, Maldiney*, 180 pages, 2008.

KERVÉGAN J.-Fr., *La raison des normes. Essai sur Kant*, 192 pages, 2015.

LAUGIER S., *Wittgenstein. Les sens de l'usage*, 360 pages, 2009.

POUIVET R., *Après Wittgenstein, saint Thomas ?*, 180 pages, 2014.

MOMENTS PHILOSOPHIQUES

Franck **FISCHBACH**

PHILOSOPHIES DE MARX

PARIS
LIBRAIRIE PHILOSOPHIQUE J. VRIN
6 place de la Sorbonne, V^e
2015

© *Librairie Philosophique J. VRIN*, 2015
Imprimé en France
ISSN 1968-1178
ISBN 978-2-7116-2562-8
www.vrin.fr

MARX : QUELLE TRANSFORMATION
DE LA PHILOSOPHIE ?

> Philosopher est une manière d'exister entre d'autres
> (…). Mais si le philosophe le sait, s'il se donne pour
> tâche de suivre les autres expériences et les autres
> existences dans leur logique immanente au lieu de
> se mettre à leur place, s'il (…) se sent comme tous
> les autres hommes pris dans l'histoire et devant un
> avenir *à faire*, alors la philosophie se réalise en se
> supprimant comme philosophie séparée. Cette pensée
> concrète [est ce] que Marx appelle critique.
>
> M. Merleau-Ponty [1]

Au seuil d'une étude de la philosophie de Marx, une
question préalable s'impose aussitôt : Marx est-il un
philosophe ? Question qui en appelle immédiatement plusieurs
autres : Marx *se* considérait-il *lui-même* comme un philosophe ?
S'est-il considéré tel un certain temps, avant d'estimer ne
plus l'être à partir d'un certain moment – ce qui implique
d'être capable de déterminer ce moment en deçà duquel Marx
aurait été philosophe et au delà duquel il ne l'aurait plus été ?
Faut-il penser que, si Marx n'*est* pas à proprement parler un

---

1. M. Merleau-Ponty, *Sens et non-sens* (1966), Paris, Gallimard, 1996,
p. 162.

philosophe, il a néanmoins *fait* quelque chose qui relève, au moins pour une part, de la philosophie ? Autrement dit, ce qui relève de la philosophie chez Marx, ou ce qu'il en reste, peut-il être considéré comme relevant d'une certaine *pratique* de la philosophie ? Et, si oui, laquelle ou en quoi consiste-t-elle ? Et si la philosophie est chez Marx une pratique ou une certaine *manière de faire*, quelle peut être cette pratique philosophique et quels rapports entretient-elle avec les autres façons de faire, les autres pratiques qui ne sont pas philosophiques ?

On voit que les choses ne sont pas aussi simples qu'elles peuvent le paraître au premier abord : Marx peut en effet fort bien avoir rompu non pas avec la philosophie en général, mais avec la forme *déterminée* qu'elle avait prise avant lui, et il peut donc avoir mis en pratique une manière de faire de la philosophie en s'opposant à ce qu'il a estimé être la façon dominante d'en faire avant lui ou jusqu'à lui. A quoi il faut ajouter que cette mise en pratique d'une autre manière de philosopher peut aussi ne pas avoir obéi à un plan mûrement réfléchi de la part de Marx : il peut avoir été amené progressivement et par les circonstances à cette nouvelle façon de pratiquer la philosophie, de sorte que c'est davantage nous que lui qui nous apercevons après coup qu'il a transformé durablement la façon de faire de la philosophie. Quoi qu'il en soit, cela ne nous épargne pas de devoir préciser en quoi a consisté cette transformation : on peut sans doute avancer dès maintenant, comme par provision, que Marx a transformé la philosophie précisément en la concevant comme une pratique, certes de nature discursive et essentiellement théorique [1], mais inscrite parmi les autres pratiques sociales et en interaction avec elles.

---

1. Le concept de « pratique théorique », tel que forgé et proposé par Althusser, nous semble être toujours pertinent pour comprendre sinon la philosophie en général, du moins la façon que Marx a eu d'en faire et la

S'agissant du rapport de Marx à la philosophie, tout le monde ou presque a en tête sous une forme plus ou moins exacte les formules [1] par lesquelles il aurait signifié son congé à la philosophie, et on a vite fait de considérer que la relation de Marx à la philosophie peut se résumer assez simplement

manière dont il a pu comprendre et interpréter ce qu'il faisait lui-même en matière de philosophie. *Cf.* L. Althusser, *Initiation à la philosophie pour les non-philosophes*, texte établi par G. M. Goshgarian, Préface de G. Sibertin-Blanc, Paris, P.U.F., 2014, p. 375 : « je ne parlerais pas pour mon compte de "philosophie marxiste", mais de *position marxiste en philosophie* ou de "nouvelle pratique, marxiste, de la philosophie" ». Le concept de « pratique théorique » avait été forgé par Althusser dès son *Pour Marx* (1965), mais avec un sens très englobant, incluant toute production de connaissances ou de science.

1. Au premier rang desquelles, bien sûr, la fameuse onzième des *Thèses sur Feuerbach* (1845) : « Les philosophes n'ont fait jusqu'à maintenant qu'interpréter le monde ; ce qui importe, c'est de le transformer (*es kommt darauf an, sie zu verändern*) ». Nous y reviendrons, mais il faut souligner aussitôt qu'il ne va absolument pas de soi que cette thèse doive avoir le sens d'un rejet de la philosophie, ce que Karl Korsch avait clairement compris : « cette phrase [la 11 e Thèse] ne revient pas à déclarer que toute philosophie est une pure chimère ; elle exprime seulement un rejet catégorique de toute théorie, philosophique ou scientifique, qui n'est pas en même temps praxis, et praxis réelle, terrestre, d'ici-bas, praxis humainement sensible – et non pas l'activité spéculative de l'Idée philosophique qui, en fin de compte, ne saisit rien d'autre qu'elle-même » (*Marxisme et philosophie*, trad. C. Orsoni, Paris, Minuit, 1964, p. 130). Marx dit ce que les philosophes, selon lui, ont fait *jusqu'à maintenant* (c'est-à-dire jusqu'à lui), à savoir « interpréter le monde » ; puis il complète en précisant ce que, selon lui, la philosophie doit faire à partir de maintenant, ou ce à quoi elle doit participer, à savoir à la transformation du monde. Et il n'est pas exclu *a priori* que ce soit *en tant que philosophie* (c'est-à-dire aussi en tant que *théorie*) que la philosophie doive prendre sa part de cette tâche qui, considérée en elle-même, n'est certes ni philosophique ni théorique, et ne peut l'être puisqu'elle est la mise en œuvre d'une *activité* pratique de transformation réelle du monde (c'est-à-dire de « l'ensemble des rapports sociaux »). En d'autres termes, il n'est pas exclu que cette activité pratique de transformation du monde suppose, voire même exige, pour pouvoir être menée à bien, une certaine forme de philosophie, ou plutôt une manière déterminée (et nouvelle) d'en faire qui ne consistera plus en interprétation, en contemplation, mais en ce que Marx appelle « la critique ».

de la façon suivante : d'abord formé à la philosophie, Marx en aurait fait ensuite la critique et il s'en serait détourné pour se lancer dans une entreprise non plus philosophique, mais proprement scientifique ou, en tout cas, à prétention scientifique relevant de l'économie politique et de la critique de la forme dominante de celle-ci. Cette vision des choses a beau être encore répandue, elle n'en pose pas moins de nombreux problèmes, parmi lesquels deux au moins me paraissent assez considérables.

Si l'on admet que Marx, ayant rompu avec la philosophie, se serait lancé dans une entreprise qu'il aurait lui-même conçue comme relevant non de la philosophie mais de la science, il reste qu'il faut expliquer pourquoi il a nommé cette entreprise scientifique une « critique de l'économie politique » : pourquoi n'a-t-il pas « simplement » fait de l'économie politique, pourquoi ne s'est-il pas contenté de pratiquer une forme hétérodoxe ou, comme on dirait aujourd'hui, anti-*mainstream* de l'économie, et pourquoi, au lieu de cela, a-t-il placé constamment son entreprise sous le titre d'une *critique de* l'économie politique ? Autrement dit : quel est le statut de cette critique ?

Trois possibilités semblent se présenter ici :

1. L'économie politique classique prétend être une science, mais Marx pense et entend démontrer qu'en réalité elle ne l'est pas, de sorte que la *vraie* science n'est pas l'économie politique elle-même, mais bien la « critique de l'économie politique » ou l'économie politique *critiquée* telle que Marx la présente dans son *Capital* ; autrement dit, le premier à faire vraiment de la science en économie, aux yeux de Marx, c'est lui-même, ses prédécesseurs n'ayant pas fait autre chose que maquiller en science un discours idéologique.

2. L'économie politique classique est bien une science et Marx en fait la critique depuis un point de vue qui n'est pas

lui-même scientifique, mais philosophique. Ce qui s'appelle « critique de l'économie politique » est donc la critique d'une science et cette critique est elle-même philosophique. La critique marxienne serait ainsi avec l'économie politique dans un rapport qui ne serait pas sans rappeler le rapport de la critique kantienne avec la physique newtonienne : en philosophe critique, Marx ferait ce que l'économiste scientifique ne fait pas, à savoir s'interroger sur les conditions qui rendent possible son propre discours scientifique. La critique philosophique marxienne de l'économie politique mettrait au jour les conditions qui rendent possible l'économie politique, la différence entre Marx et Kant étant que, pour le premier, ces conditions sont sociales et historiques, et qu'elles ne résident donc pas dans les structures anhistoriques d'un sujet transcendantal.

3. L'économie politique n'est pas une science, elle est un discours idéologique tenu du point de vue des groupes sociaux dominants et au service de leurs intérêts : l'apparence de science que prend ce discours est une façon de se légitimer lui-même socialement et de légitimer en même temps le rôle dominant des groupes et classes sociales auxquels bénéficient l'organisation de fait de l'économie. Le montrer, percer à jour ce qu'il y a d'idéologique dans l'économie politique, telle serait le but et la fonction de la « critique de l'économie politique » de Marx. La différence avec 1. est qu'ici la critique n'est pas elle-même conçue comme étant l'exposé enfin vraiment scientifique de l'économie politique en tant que telle : la critique de l'économie politique serait dans ce cas la critique de la prétention même de faire de l'économie politique une science à part, une science isolée. L'économie politique serait donc ici encore critiquée au motif qu'elle relève de l'idéologie, mais le ressort de la critique ne serait plus tant que l'économie politique masque le fonctionnement

réel de l'économie pour dissimuler le rôle dominant des groupes socialement intéressés au maintien du *statu quo* : plus fondamentalement, c'est la prétention même *d'isoler* et de *prendre à part* les phénomènes économiques, de les séparer du reste des phénomènes sociaux qui constitue le caractère idéologique de l'économie politique, en quelque sorte oublieuse de ce que les phénomènes économiques sont eux-mêmes des phénomènes sociaux et historiques. De sorte que la critique elle-même ou le discours critique de Marx à propos de l'économie politique se placerait du point de vue d'une connaissance plus large, plus englobante (et à prétention scientifique) de la société dans son ensemble ou de la société comme *totalité*, approchée de façon aussi bien synchronique que diachronique. Marx aurait ainsi été le théoricien de la *société moderne*, en tant que cette société moderne a (jusqu'ici) été le lieu d'affirmation et de développement d'une *économie* de type *capitaliste* : l'objet de sa *critique* est la prétention même de l'économie capitaliste (dans la pratique autant que dans la théorie) à s'identifier au *tout* de la société moderne (ou à réduire le tout de cette société à sa seule dimension économique), c'est-à-dire les tendances qui sont les siennes à une colonisation de l'ensemble de la société moderne.

Ce qui laisse ouverte la question de savoir si Marx a considéré ce discours situé au niveau de la société dans son ensemble comme étant ou non lui-même un discours scientifique. Je pense que Marx a répondu par l'affirmative à cette question (oui, donc, le discours propre à sa critique de l'économie politique relève bien de la science), mais que, pour lui, cette réponse ne disqualifie pas la philosophie pour autant. Le point de vue de la totalité sociale est celui d'une philosophie sociale et on est, à ce niveau là, au delà de l'alternative « philosophie *ou* science » : si, par démarche scientifique, on entend une démarche et une procédure capable de produire des connaissances relativement à son objet, alors Marx pensait que seule la démarche totalisante d'une philosophie sociale était à même de produire une connaissance réelle de cet « objet » spécifique qu'est une formation sociale, et en l'occurrence une connaissance que l'économie politique classique aurait échoué à produire justement parce qu'elle a abstrait et isolé les phénomènes économiques [1] du reste de la totalité sociale et historique, que ce soit pour réduire ce « reste » à la seule dimension économique ou pour généraliser cette dimension au reste.

On objectera que le théoricien, fût-il le critique de l'économie politique, fût-il Marx lui-même, ne peut pas se porter au niveau du tout de la société pour la très évidente raison qu'il en est lui-même une partie ou un membre. Certes, mais il peut au moins *tendre* vers ce point de vue totalisant, au lieu de renoncer aussitôt : c'est cette tension, cette aspiration qui fera de lui un philosophe social plutôt qu'un économiste prenant la partie pour le tout. Peut-être le philosophe social sera-t-il conduit à l'idée que le propre de sa formation sociale capitaliste consiste en ce que l'économie tende justement à y devenir identique au tout, que la partie tende à y devenir le tout ou à absorber tout le reste : c'est possible, mais cela ne

---

1. D'où, dès *L'idéologie allemande*, la perspective dans laquelle Marx se place d'une « suppression de l'économie séparée » (*Aufhebung der getrennten Wirtschaft*) et de l'instauration d'une « économie commune » (*gemeinsame Wirtschaft*) : Karl Marx, Friedrich Engels, Joseph Weydemeyer, *Die deutsche Ideologie*, Artikel, Druckvorlagen, Entwürfe, Reinschriftenfragmente und Notizen zu *I. Feuerbach* und *II. Sankt Bruno*, Band 1 : Text, bearbeitet von I. Taubert und H. Pelger, *Marx-Engels Jahrbuch 2003*, hrsg. von der Internationalen Marx-Engels-Stiftung, Amsterdam, Berlin, Akademie Verlag, 2004, p. 70. Une traduction française par J. Quétier et G. Fondu de cette édition la plus récemment établie du texte allemand est, au moment où nous écrivons, à paraître dans le cadre de la GEME (Grande Édition Marx Engels) aux Éditions sociales, qui reprendra la pagination de l'édition allemande.

donnera pas pour autant raison à l'économiste qui prendra cette identification de la partie économique au tout social comme un *donné*, là où le philosophe social critique de l'économie politique saura voir une particularité historique, une *spécificité* historiquement *produite* de la formation sociale dans laquelle règne une économie de type capitaliste.

J'annonçais deux problèmes majeurs : le premier était de savoir pourquoi et en quel sens Marx a nommé sa démarche et sous-titré son œuvre principale « critique de l'économie politique », et si ce titre signifie ou non une rupture avec la philosophie. Je viens d'indiquer à ce sujet quelques éléments de réflexion sur lesquels il faudra bien sûr que nous revenions dans la suite. Le second problème qui se pose quand on est immédiatement convaincu que Marx a rompu avec toute (forme de) philosophie et que sa démarche relève purement et simplement de la science, est d'expliquer pourquoi il a jugé bon de placer sous l'invocation du nom de Hegel précisément celui de ses ouvrages qui est censé être le plus évident témoignage du caractère scientifique de sa démarche, à savoir *Le Capital*[1]. Quand on prétend faire œuvre de science, il semble (en tout cas : il *nous* semble, à nous *aujourd'hui*) qu'il y a mieux à faire que d'invoquer le nom de Hegel – tel est du moins ce dont un siècle de platitude positiviste nous a convaincu.

---

1. Marx, *Le Capital*, Livre 1, postface à la deuxième édition allemande, trad. J.-P. Lefebvre, Paris, P.U.F., 1993, p. 17 (noté LC1) : « Au moment même où je rédigeais le premier volume du *Capital*, les épigones grincheux, prétentieux et médiocres qui font aujourd'hui la loi dans l'Allemagne cultivée se complaisaient à traiter Hegel comme le brave Moses Mendelssohn avait, du temps de Lessing, traité Spinoza, c'est-à-dire en « chien crevé ». Aussi me déclarai-je ouvertement disciple de ce grand penseur et même, dans le chapitre sur la théorie de la valeur, j'eus la coquetterie de reprendre ici et là sa manière spécifique de s'exprimer ».

On remarque trop peu que la référence à Hegel dans le texte de la Postface à la deuxième édition allemande du Livre 1 du *Capital* encadre la longue citation par Marx d'un article consacré au *Capital* par un certain Kaufman en 1872 dans le *Messager européen* de Saint-Pétersbourg. Et si Marx cite longuement cet article, ce n'est pas seulement parce qu'il est élogieux, c'est aussi parce que son auteur a le mérite d'avoir très bien et très clairement résumé le sens de la démarche d'ensemble du Livre 1, notamment lorsqu'il écrit : « Marx ne fait que formuler d'une façon strictement scientifique le but qui doit être celui de toute étude exacte de la vie économique [;] la valeur scientifique d'une telle recherche tient à ce qu'elle éclaire les lois particulières qui régissent la naissance, la vie, le développement, la mort d'un organisme social donné et son remplacement par un autre qui lui est supérieur [;] et c'est bel et bien cette valeur que possède le livre de Marx » [1]. Cette citation que Marx donne dans son propre texte de celui de l'article de Kaufman éclaire le sens de la référence à Hegel, qui est le seul point sur lequel Kaufman se trompe en reprochant à Marx d'avoir choisi un mode idéaliste *d'exposition* alors que son propos est fondamentalement réaliste. Kaufman se trompe lorsqu'il croit que le sens de la référence de Marx à Hegel est celui d'un rapport positif de Marx à la *méthode* hégélienne *d'exposition*. C'est une erreur contre laquelle Marx met en garde dans la lettre à Kugelmann du 6 mars 1868 : « ma méthode d'exposition *n'est pas* celle de Hegel puisque je suis matérialiste et Hegel idéaliste » [2]. Si la référence à Hegel s'impose selon Marx, c'est parce que son enquête se tient au niveau auquel il faut se placer pour

1. LC1, p. 17.
2. Karl Marx, Jenny Marx, Friedrich Engels, *Lettres à Kugelmann*, trad. G. Badia, Paris, Éditions sociales, 1971, p. 90.

comprendre « la naissance, le développement, la mort d'un organisme social donnée », c'est-à-dire au niveau du *tout* de cet « organisme » qui est aussi le point de vue (et ce point de vue était précisément déjà celui de Hegel) où l'on peut comprendre « le mouvement social comme un procès historico-naturel », selon une formule du même Kaufman. Au fond, le seul tort de ce dernier, aux yeux de Marx, est de n'avoir pas compris que son rapport à Hegel n'est pas de simple forme, c'est-à-dire qu'il ne concerne pas que la forme de l'exposition.

C'est bien cette ambition même de se porter à hauteur du tout d'une formation sociale et d'en produire une connaissance qui *impose* de se référer à Hegel pour la raison simple que cette ambition était déjà la sienne, clairement annoncée comme telle dans la Préface des *Principes de la philosophie du droit* : « ce traité, écrivait Hegel, en tant qu'il contient la science de l'État, ne doit être rien d'autre que la tentative *de conceptualiser et d'exposer l'État comme quelque chose de rationnel au dedans de soi* ; en tant qu'écrit philosophique, il faut qu'il soit au plus éloigné de devoir construire un *État tel qu'il doit être* ; l'enseignement qui peut résider en lui ne peut tendre à enseigner à l'État comment il doit être, mais plutôt comment cet État, l'*univers* éthique, doit être connu » [1]. « L'État » étant pour Hegel le nom même du tout d'une formation historico-sociale, l'objet de la « science de l'État » est clairement pour Hegel de produire une *connaissance* de ce tout, c'est-à-dire de ce qu'il nomme ici un « univers éthique » pour qu'on en saisisse bien la dimension de totalité. Et c'est bien ce projet là que Marx a repris à son compte, faisant de la référence à Hegel bien davantage qu'une simple coquetterie.

---

1. Hegel, *Principes de la philosophie du droit*, préface, trad. J.-F. Kervégan, Paris, P.U.F., 2003, p. 105.

Il faut donc bien comprendre que ce qui réunit Marx et Hegel, c'est l'idée que non seulement il n'y a pas d'opposition et encore moins de contradiction entre la philosophie et la production de connaissances (c'est-à-dire entre la philosophie et la science), mais qu'en outre, quand il s'agit précisément de la connaissance d'un « univers éthique » ou d'une formation sociale *dans son ensemble*, seule au fond la philosophie peut selon eux en produire une connaissance pour la raison qu'ils entendent l'un et l'autre par philosophie une démarche rationnelle qui ne renonce pas à se porter, au moins tendanciellement, au niveau de la totalité. Le point commun entre Marx et Hegel est cette prise en vue ou cette aspiration à prendre en vue le tout d'une formation sociale à un moment de son développement historique. La différence entre eux porte sur la compréhension de ce qui est l'élément porteur et décisif au sein de ce tout [1] : pour l'idéaliste Hegel cet élément est constitué d'une « Idée », c'est-à-dire *d'une manière précise de penser* qui informe l'ensemble des pratiques et des institutions d'une société humaine à un moment précis de son histoire, tandis que, pour le matérialiste Marx, cet élément est constitué de la *manière précise de produire* et de la manière qu'ont les hommes de se rapporter les uns aux autres du fait même de cette manière précise de produire qui est à chaque fois la leur à un moment précis de leur histoire.

On m'objectera ici qu'il subsiste un problème de taille : c'est que Marx ne mentionne pas la philosophie et encore moins ce que j'ai appelé la « philosophie sociale » lorsqu'il parle de cette entreprise consistant ou visant à produire la

---

1. Cette différence fondamentale est établie par Marx dès 1843 dans sa *Critique du droit politique hégélien* qui est un commentaire d'une grande partie de la section « L'État » des *Principes de la philosophie du droit* de Hegel.

connaissance d'une totalité sociale. Je tenterai de répondre à
cette objection en proposant l'hypothèse que Marx désigne
en réalité la philosophie les fois où il parle de « dialectique »,
et donc que les expressions « la dialectique » ou la « méthode
dialectique » sont les noms par lesquels Marx désigne la
philosophie pour la raison que la philosophie comme telle
est, selon lui (et cela depuis les *Manuscrits de 1844* jusqu'au
Capital), essentiellement identique à la pensée de Hegel. Cette
hypothèse peut notamment permettre de comprendre la nature
du projet poursuivi par Marx dans *Le Capital* : à savoir le
projet d'une transformation scientifique de cette science qu'est
l'économie politique. C'est en tout cas ce que Marx indique
lui-même lorsque, dans sa lettre à Kugelmann du 28 décembre
1862, il désigne le livre 1 du *Capital* auquel il est alors en
train de travailler comme étant constitué des « essais
scientifiques écrits en vue de révolutionner une science » [1].
L'ambition propre à Marx aurait donc été celle de parvenir à
effectuer une transformation de l'économie politique *au moyen
de la dialectique* ou *par la dialectique*, c'est-à-dire (si
« dialectique » et « philosophie » signifient la même chose
pour Marx) *par et au moyen de la philosophie*, et plus
précisément au moyen d'une forme *critique* de la philosophie
(ou de la « dialectique »), c'est-à-dire par un usage critique
de la philosophie [2]. Et une telle transformation de l'économie
politique au moyen d'une forme critique de philosophie ou
de « dialectique » peut à bon droit être elle-même considérée
comme scientifique par Marx dès lors qu'elle engendre
effectivement connaissance et compréhension de son objet

---

1. K. Marx, J. Marx, F. Engels, *Lettres à Kugelmann*, trad. cit., p. 31-32.
2. On le montrera ici dans le chapitre III en examinant l'usage particulier
(critique, en l'occurrence) que Marx fait des concepts hégéliens d'essence et
d'apparence dans sa critique de l'économie politique classique.

(la formation sociale de type capitaliste) aussi bien quant à sa nature que quant à son fonctionnement.

Mais avant de reprendre et de poursuivre ce questionnement sur la nature philosophique ou non de l'œuvre et de la pensée de Marx, et plus généralement sur l'existence ou non d'une « philosophie de Marx », sur la présence ou non de la philosophie chez Marx, il y a sans doute une chose qu'il peut être utile de noter dès à présent : c'est qu'il y a bien chez Marx une philosophie de la philosophie. On ne peut sans doute pas comprendre sinon la philosophie de Marx, du moins ce qu'il y a de philosophique chez Marx, si on ne part pas de ce qu'en philosophe il dit au sujet de la philosophie. Je veux dire que pour comprendre ce qu'il en est de la philosophie chez Marx ou pour Marx, il faut d'abord tenter de comprendre sa philosophie de la philosophie. Mais que veut dire la thèse selon laquelle il y aurait chez Marx une philosophie de la philosophie ? Cela veut d'abord dire que Marx philosophe au sujet de la philosophie ou que la philosophie est elle-même un objet – et sans doute un objet privilégié – de sa propre pensée. On dira qu'il n'est pas le premier à le faire et que la plupart des philosophes – en tout cas les plus importants d'entre eux – ont produit une philosophie de la philosophie, et cela depuis Platon jusqu'à Kant qui expliquait dans une lettre fameuse à Markus Herz que l'entreprise de la *Critique de la raison pure* pouvait être comprise comme une « métaphysique de la métaphysique » [1], mais également jusqu'à Hegel dont la *Science de la logique* propose à son terme, sous l'appellation de « l'idée absolue », justement une philosophie de la philosophie, et pour ne rien dire de Fichte dont l'œuvre fondamentale constamment réexposée, la

---

1. Kant, *Lettre à Marcus Herz datée « après le 11 mai 1781 »*, dans Kant, *Correspondance*, trad. M.-C. Challiol *et alii*, Paris, Gallimard, 1991, p. 181.

Wissenschaftslehre, peut être comprise comme étant tout entière une philosophie de la philosophie.

Ceci dit, pour les philosophes *avant* Marx, produire une philosophie de la philosophie signifiait expliquer ce que la philosophie *doit être*, ce qu'il faudrait qu'elle soit, c'est-à-dire exposer *l'essence* de la philosophie. Pour Marx, il s'agit d'autre chose : il s'agit d'analyser ce que la philosophie *a été* jusque là, justement pour rompre avec ce qu'elle a été – ce qui suppose de *critiquer* ce qu'elle a été jusqu'ici. Ici encore on peut être conduit à dire que d'autres ont fait la même chose avant Marx, à commencer par Kant qui a soumis à la critique la philosophie de type dogmatique qui, selon lui, avait prévalu jusqu'à lui. Il faut donc davantage préciser et dire que, pour Marx, la critique de la philosophie jusqu'à lui est la critique de la *fonction sociale et historique* qui a été celle de la philosophie jusqu'à lui. Critiquer la philosophie, pour Marx, c'est rompre avec la fonction sociale qui a été la sienne, c'est donc pratiquer la philosophie d'une façon toute nouvelle qui lui permette de remplir une fonction sociale également nouvelle. L'idée centrale de Marx sur ce point est que la fonction qui a essentiellement été celle de la philosophie jusque là est une fonction de *justification* et de *légitimation* de la réalité sociale existante : la fonction nouvelle qu'il entend donner à la philosophie est celle non plus de la justification mais de la *transformation* sociale.

Ce qui, notons-le d'emblée, ne va pas sans poser d'épineux problèmes, à commencer par celui-ci : comment la philosophie, en tant qu'entreprise *théorique*, en tant que production de théorie, pourrait-elle permettre ou participer d'une transformation sociale qui, quant à elle, ne peut avoir lieu ailleurs que dans la pratique ou sur le terrain de la pratique ? La justification de la réalité sociale existante peut entièrement se faire depuis ou dans l'élément de la théorie, puisqu'il s'agit dans ce cas de produire des représentations conformes à cette réalité, c'est-à-dire de redoubler la réalité sociale existante d'une idéalité ou d'un ensemble d'idéalités dont la seule existence a pour effet d'auréoler l'existant. Mais s'agissant de la transformation de la réalité donnée, en revanche, on ne voit pas comment la théorie pourrait y participer sans cesser d'être théorie et sans passer entièrement dans une pratique sociale et politique modifiant réellement l'existant. La fonction transformatrice semble ici impliquer un changement de terrain ou d'élément qui n'est autre qu'une sortie de la théorie. Or c'est un fait que Marx lui-même, s'il a bien eu une action politique réelle, n'a néanmoins jamais cessé de faire de la théorie : la fonction transformatrice qu'il attribue à la théorie en général et à la philosophie en particulier (assimilée à « la dialectique » ou à la « méthode dialectique ») ne l'a pas conduit à cesser d'en faire, au contraire. Il faut prendre très au sérieux ce que dit Marx lorsque, décidant de ne pas se rendre en 1866 au congrès de Genève de l'Internationale au motif qu'il lui est « impossible d'interrompre son travail », c'est-à-dire l'écriture du *Capital*, il ajoute que « par ce travail, [il] estime qu'[il] fait quelque chose de bien plus important pour la classe ouvrière que tout ce qu'[il] pourrait faire personnellement dans un congrès quelconque » [1]. C'est donc qu'il y a une certaine manière de faire de la théorie et de la philosophie qui associe celles-ci à la transformation sociale sans pour autant les supprimer en tant que théorie et philosophie. Cette manière est celle qui consiste à faire de la théorie et de la philosophie en tant que critique, ou à pratiquer la théorie et la philosophie *comme critique*.

---

1. K. Marx, J. Marx, F. Engels, *Lettres à Kugelmann*, trad. cit., p. 48 (Lettre de Marx à Kugelmann du 23 août 1866).

L'objet principal de cet ouvrage est de comprendre en quoi consiste la transformation de la philosophie qui fait d'elle « la critique », c'est-à-dire à la fois, dans la théorie ou sur un plan épistémique, la critique d'une science (à savoir la critique de l'économie politique, en tant que cette critique prétend elle-même au titre de science), et, sur un plan pratique (et politique), la critique de la société de type capitaliste. Si je propose dans la suite d'articuler la transformation marxienne de la philosophie autour de trois intitulés principaux (1. Philosophie de l'activité, 2. Philosophie sociale, 3. Philosophie critique [1]), c'est dans la mesure où les deux premiers aspects (la pensée de l'activité et celle du social) servent le troisième (la critique). Entendons-nous bien : je ne suis pas en train de dire que Marx a exposé une philosophie de l'activité, une philosophie sociale et une philosophie critique. Dire les choses de cette manière, ce serait contredire l'idée que j'ai avancée et selon laquelle Marx n'est pas quelqu'un qui a proposé une nouvelle philosophie, mais une nouvelle façon d'en faire, c'est-à-dire une nouvelle pratique de la philosophie. Marx n'a pas proposé une philosophie de

---

1. On a là l'explication du fait que le présent ouvrage porte le titre de *Philosophies de Marx* : le pluriel renvoie à cette tripartition en « philosophie de l'activité », « philosophie sociale » et « philosophie critique ». Mais cette tripartition n'est pas une dispersion (comme s'il y avait trois « philosophies de Marx », voire davantage…) : la troisième perspective, celle de la philosophie critique, peut être comprise sinon comme réunissant effectivement, du moins comme tendant à réunir en elle les deux premières. Nous voulions aussi, par ce titre, dire notre dette envers le travail d'Étienne Balibar, et signifier en particulier l'importance pour nous de son livre *La philosophie de Marx* (Paris, La Découverte, 1993, 2 e éd., 2014) où le pluriel (« *les philosophies* de Marx) apparaît dans la première édition p. 7, avant qu'Étienne Balibar n'explique, dans la Préface à la seconde édition (p. 21), qu'il aurait préféré que son livre s'intitulât *Philosophies de Marx*, une intention initiale qui a persisté jusqu'à s'exprimer dans le titre même de la Préface à la réédition : « Du marxisme althussérien aux philosophies de Marx ? ».

l'activité, mais il s'est proposé de voir ce que l'adoption du point de vue de l'activité et de la pratique (plutôt que celui de l'être et de la théorie) modifie dans la manière de faire de la philosophie. De même, Marx n'a pas proposé une philosophie sociale, mais il s'est demandé quels sont les effets produits sur la manière de philosopher quand on adopte le point de vue du social, de la vie sociale et des rapports sociaux (plutôt que celui du droit, de la politique, de l'État). Dans les deux cas, l'effet consiste essentiellement en la production d'une philosophie critique, ou en une pratique de la philosophie comme critique.

Au cœur de la pensée marxienne de l'activité, il y a la thèse anthropologique – acquise dès les *Manuscrits de 1844* – portant sur l'homme en tant qu'être naturellement capable d'autoactivité (*Selbstätigkeit*), c'est-à-dire capable d'être actif par soi ou d'être, comme disait Spinoza, cause adéquate des effets qu'il engendre. C'est sur le fond de cette conception là de l'homme comme d'un être agissant ou actif par soi que Marx pourra ensuite formuler, dans *L'idéologie allemande*, une critique des dispositifs sociaux et économiques qui, dans le capitalisme, font que les travailleurs salariés sont dépossédés de cette auto-activité et sont agis par d'autres qu'eux-mêmes. La critique que Marx fera dans *Le Capital* de l'apparence de liberté ou de la liberté seulement apparente qui est celle du travailleur en réalité *contraint* de vendre sa force de travail, cette critique ne se fera pas au nom d'un concept juridique ou politique et encore moins moral de la liberté : elle se fera en prenant appui sur ce que pourrait être une expérience vive de la liberté comme jouissance (*Genuss* est le terme que Marx utilise) de l'affirmation de soi dans le déploiement par soi de son activité propre. C'est sur ce fondement d'une liberté rapportée à l'expérience de la confirmation de soi (*Selbstbestätigung*) dans et par l'activation de soi

(*Selbstbetätigung*) que Marx peut faire la critique non pas seulement de la pseudo liberté du vendeur de la force de travail, mais aussi du procès capitaliste de travail comme procès où s'exerce le « despotisme » des propriétaires des moyens de produire sur ceux qui les utilisent.

De même, la philosophie sociale de Marx repose sur l'idée que l'homme est un être naturellement social, mais plus encore sur l'idée – acquise dès *L'idéologie allemande* – que l'homme est l'être capable de passer d'une socialité spontanée ou naturelle à une socialité rationnelle, consciente et volontaire. A nouveau, cette idée d'une vie sociale consciemment organisée et rationnellement voulue est ce qui a permis ensuite à Marx de formuler dans *Le Capital* une critique des mécanismes spécifiques qui, dans la formation sociale de type capitaliste, privent les hommes de la maîtrise de leur propre vie sociale, voire déplacent cette vie sociale dans autre chose, en l'occurrence dans les marchandises et leur échange.

Les fils de la philosophie de l'activité et de la philosophie sociale convergent enfin et se rassemblent dans la critique elle-même, conçue comme l'entreprise de révolutionner une science (l'économie politique) au moyen de la philosophie : c'est l'usage, la mise en œuvre – à même le matériau fourni par les économistes classiques – de catégories philosophiques telles que la forme et le contenu, l'apparaître (ou le phénomène) et l'essence qui permet à Marx de percer la surface des phénomènes économiques apparents et de pénétrer « dans l'antre secret de la production »[1]. C'est alors que peut être produite la connaissance des mécanismes qui engendrent des individus dépossédés de la capacité d'agir par eux-mêmes et contraints d'agir pour d'autres et d'être agis par d'autres,

---

1. LC1, p. 197.

comme aussi la connaissance des mécanismes qui engendrent une dépossession des individus de la dimension sociale de leur propre vie et de leur capacité de l'organiser par et pour eux-mêmes. La critique est ainsi productrice d'une connaissance réelle des mécanismes fondamentaux qui sont à l'œuvre au sein de la formation sociale de type capitaliste, mais elle est en même temps productrice d'un développement de la capacité de réflexivité, d'une élévation du degré de conscience et de réflexivité chez ceux qui, par la critique, sont amenés à comprendre que le fonctionnement de cette formation sociale repose sur leur dépossession de leur propre capacité d'agir et de configurer par eux-mêmes leur propre forme de vie. Le ressort de cette élévation du degré ou de ce renforcement de la réflexivité est constitué de la démarche critique mise en œuvre par Marx, consistant à distinguer puis à mettre en rapport le plan de l'apparition phénoménale (la surface des phénomènes socio-économiques capitalistes) avec le plan de l'essentialité (la profondeur des rapports essentiels) : c'est la saisie du rapport de contradiction entre les deux plans (par exemple la saisie de la contradiction entre la liberté et l'égalité de surface entre le vendeur et l'acheteur de force de travail, et, au niveau cette fois du rapport essentiel et de la production, la contrainte réelle et la domination effectivement exercées sur celui qui a vendu l'usage de sa force par celui qui l'utilise effectivement pour en extraire un surplus de valeur [1]) – c'est

---

1. Cette contradiction entre le plan apparent et le plan essentiel prend de multiples formes chez Marx, par exemple celle de la contradiction entre le plan phénoménal de la *richesse* comme ensemble des choses utiles ou ensemble des valeurs d'usage et le plan essentiel de la *valeur* déterminée par la quantité de travail dépensée en moyenne pour la production d'une chose : la contradiction tient ici à ce que le mode capitaliste de production engendre à sa surface une richesse matérielle (c'est-à-dire une quantité de choses utiles à la satisfaction des besoins humains) impossible et inimaginable dans tout autre mode de

la saisie donc d'un tel rapport de contradiction qui a pour effet d'augmenter le degré de réflexivité chez ceux qui comprennent le sens *pour eux* de ce rapport, et qui peut donc aussi les inciter à chercher dans la pratique des moyens de lever ou de résoudre cette même contradiction.

production, tandis que la logique essentielle de la valorisation à l'œuvre dans ce mode de production le conduit en même temps à détruire périodiquement et massivement cette même richesse matérielle et à plonger régulièrement dans la misère des populations entières.

CHAPITRE PREMIER

PHILOSOPHIE DE L'ACTIVITÉ

L'adoption en philosophie du point de vue de l'agir (*das Tun*) ou de l'acte (*die Tat*), c'est-à-dire aussi bien du point de vue de l'activité (*die Tätigkeit*) ou de la pratique (*die Praxis*) a été, pour Marx, un geste à la fois initial et fondateur : il est plus que vraisemblable non seulement que Marx ne soit jamais revenu sur le caractère central et fondateur du point de vue de l'activité, mais que ce soit ce point de vue qui lui ait permis de forger, dans sa période de maturité, son concept décisif de *Arbeitskraft* (force de travail), un concept *philosophique* au moyen duquel Marx a tenté de révolutionner la *science* économique [1]. Remarquons d'emblée que le terme allemand *die Praxis* se traduit en français par « la pratique ». Autrement dit, traduire *die Praxis* par « la praxis », c'est *ne pas* traduire [2] : c'est importer en Français un mot allemand. Et je dis bien un mot *allemand*, et non pas grec : car les Allemands, en utilisant *die Praxis*, n'entendent pas immédiatement ce terme comme

---

1. Nous reviendrons dans le chapitre III sur la manière dont Marx use de concepts philosophiques en vue de produire des effets révolutionnaires ou transformateurs dans une science, en l'occurrence dans l'économie politique.

2. La chose est moins visible, mais c'est très exactement comme ne pas traduire *das Dasein* et dire (en « français ») : « le Dasein fait ceci », « le Dasein pense cela ».

grec, et ils entendent encore moins l'opposition conceptuelle aristotélicienne entre la *praxis* et la *poiesis*. Autrement dit, en utilisant, dans les traductions françaises de Marx, le terme « la praxis », on prend le risque de compliquer inutilement les choses[1] : le lecteur français se persuade aussitôt d'être devant un concept technique spécifique à Marx, ce qui n'est pas le cas. Lorsqu'il recourt à *die Praxis*, Marx désigne d'un mot courant ce qui relève de ce qu'on appelle tout aussi couramment en français « la pratique » et qui a trait à l'exercice ou à la mise en œuvre d'une *activité*[2]. Cela signifie que, lorsque Marx utilise *die Praxis*, la question reste *ouverte*[3] de savoir s'il s'agit d'une activité que l'agent exerce sur lui-même (la *praxis* au sens restreint et aristotélicien du terme) ou s'il s'agit d'une activité par laquelle l'agent engendre un effet à l'extérieur de lui-même (la *poiesis* au sens aristotélicien, ou ce qui, chez Marx, s'appelle la production) : il est même plus que probable qu'en réalité Marx n'a pas voulu s'en tenir à cette distinction et que, pour lui, l'activité en tant que telle soit toujours productrice d'effets aussi bien sur l'agent qu'à l'extérieur de lui, ou que toute activité qui produit des effets

1. La chose est également fort heureusement rappelée et soulignée par Emmanuel Renault, *Marx et la philosophie*, Paris, P.U.F., 2014, p. 13-14.

2. Ainsi, *eine Praxis* désigne notamment en allemand un cabinet où un médecin, un psychologue, un kinésithérapeute, etc., *exerce son activité propre*. Si le terme d'activité est pris par Marx en son sens courant, pour autant cela n'enlève rien à la particularité du geste (non spécifique à Marx, comme on va le voir) qui consiste à mettre l'activité comme telle au centre d'une philosophie.

3. Alors que la question est ou, du moins, risque en revanche d'être *tranchée* d'emblée quand on « traduit » *die Praxis* par « la praxis » : il devient ensuite très difficile de revenir en arrière et de dire que la praxis de Marx ne se réduit pas à la praxis (sous-entendu : d'Aristote). C'est ce qu'André Tosel a eu raison de rappeler en allant jusqu'à parler, s'agissant de Marx, de « produc-action » : *cf.* A. Tosel, *Études sur Marx (et Engels) : vers un communisme de la finitude*, Paris, Kimé, 1996, p. 39 *sq.*

au dehors ne puisse pas ne pas en produire aussi sur l'agent. Nous y reviendrons dans la suite, mais il semble que, s'agissant spécifiquement du sujet social de la révolution (le « prolétariat » ou la classe des travailleurs salariés), Marx pense que sa pratique (*seine Praxis*) ou son activité (*seine Tätigkeit*) est *à la fois* de l'ordre du *faire* et de l'ordre de *l'agir*, c'est-à-dire que c'est à la fois une production ou un travail (une *poiesis* donc) *et* un agir sur soi par quoi le sujet se transforme lui-même (donc une *praxis* au sens *grec* du concept) [1]. Cela voudrait dire que le sujet de la révolution ne peut devenir effectivement révolutionnaire nulle part ailleurs que dans l'activité qui est spécialement la sienne, c'est-à-dire en l'occurrence dans le travail ou dans la production (le *faire*), mais que ce devenir révolutionnaire suppose aussi et en même temps une activité de ce sujet sur lui-même (l'*agir*) par laquelle il se transforme (et ne reste donc pas ce qu'il est dans le travail tel qu'il est) précisément en un sujet prêt et apte à faire la révolution.

Il est connu que le point de vue de la pratique, c'est-à-dire de l'activité, est revendiqué comme tel par Marx dans les *Thèses sur Feuerbach*. Marx écrit ceci dans la Thèse n°1 : « Ce qui fait le défaut principal de toute la tradition antérieure du matérialisme, y compris sa version feuerbachienne, c'est que l'objet, la réalité effective, sensibilité, n'y est appréhendé que dans la forme de l'*objet ou de l'intuition* ; mais non en tant qu'*activité sensiblement humaine*, [non en tant que] *pratique*, non [en tant que] subjective. Conséquence : le côté *actif* développé en opposition au matérialisme sous une forme abstraite par l'idéalisme qui, naturellement, ne connaît pas

---

1. C'est ce que j'avais tenté d'expliquer dans *L'Être et l'Acte. Enquête sur le fondements de l'ontologie moderne de l'agir*, Paris, Vrin, 2002, chap. IV, p. 131 *sq.*

l'activité sensible, effective, comme telle ». La Thèse n°5 complète le propos de la première : « Feuerbach, pas satisfait avec la *pensée abstraite*, veut l'intuition ; mais il ne saisit pas la sensibilité comme activité humainement sensible *pratique* ».

ANCIEN ET NOUVEAU MATÉRIALISME

Ce point de vue de la pratique comme activité sensible et humaine est aussitôt développé dans trois directions par les *Thèses*. La première direction concerne la vérité et la pensée, problèmes éminemment philosophiques s'il en est, relativement auxquels la Thèse n°2 pose ceci : « C'est dans la pratique que l'homme doit faire la preuve de la vérité, c'est-à-dire de l'effectivité et puissance, naturalité immanente de sa pensée ; le débat sur le caractère effectif ou non effectif de la pensée – dans le cas où celle-ci est isolée de la pratique – est une question de *scolastique* pure ». La seconde direction développe (ou spécifie) l'activité sensible et humaine comme « pratique révolutionnaire » ; c'est la Thèse n°3 : « La coïncidence de la modification des circonstances et de l'activité humaine ou auto-changement (*Selbstveränderung*) [1] peut seulement être saisie et rationnellement comprise en tant que pratique révolutionnaire ». La troisième direction est celle qui s'appuie sur l'activité humaine sensible pour élaborer une conception du social, et plus précisément une conception du social comme « ensemble des rapports sociaux » (Thèse n°6) ; c'est la Thèse n°8 : « Toute vie sociale est essentiellement pratique », et la Thèse n°10 : « Le point de vue de l'ancien matérialisme, c'est la société civile, le point de vue du nouveau, la société humaine

---

1. Traduire *Selbstveränderung* par « transformation de soi » serait sans doute plus clair en français – bien que l'on comprenne le choix de P. Macherey de ne pas introduire le champ lexical de la « forme », absent du terme allemand.

ou l'humanité sociale (*die gesellschaftliche Menschheit*) » [1].
Le point capital est évidemment l'assomption par Marx d'un
point de vue philosophique qui est celui de l'activité et la
pratique : ce point de vue a été ignoré par les différentes
formes de matérialisme philosophique jusqu'ici en ce qu'ils
ont été des matérialismes du donné et du fait, et non pas des
matérialismes du produire et du faire – raison pour laquelle
le point de vue de l'activité a en quelque sorte trouvé refuge
jusque là dans la tradition de l'idéalisme philosophique, chez
Kant déjà dans la pensée d'un sujet constituant, et plus encore
chez Fichte dans l'hypothèse d'un Moi essentiellement agissant
ou chez Hegel dans la conception de l'esprit comme résultant
du « faire de tous et de chacun » (*Tun aller und jeder*) [2]. Le
matériau sensible sur lequel les matérialistes se sont fondés
(aussi bien les choses sensibles que les facultés humaines, la
sensibilité humaine) a été pris comme un donné de fait et non
comme le produit sensible d'une activité humaine elle-même
sensible. Un passage des *Manuscrits de 1844* expliquait déjà
que des facultés sensibles telles que l'ouïe ou la vue ne sont
pas données identiques à elles-mêmes de toute éternité, mais
qu'elles sont produites, qu'elles résultent de et qu'elles sont
modifiées par l'ensemble de l'activité humaine, qu'elles sont
prises dans cette activité dont elles sont un aspect. Les
modifications et les changements qui affectent ces facultés
conduisent aussitôt à la prise en compte de la dimension

1. Pour les *Thèses sur Feuerbach*, je cite la traduction qu'en a proposée
Pierre Macherey dans *Marx 1845. Les Thèses sur Feuerbach, traduction et
commentaire*, Paris, Éditions Amsterdam, 2008, p. 13-15. La seule modification
que j'effectue consiste à rendre *die Paxis* par « la pratique », pour les raisons
précédemment indiquées. Je n'utilise que le texte de Marx, abstraction faite
des modifications que Engels y a apportées en les publiant pour la première
fois en 1888.

2. Hegel, *Phénoménologie de l'esprit*, V, C, a, trad. B. Bourgeois, Paris,
Vrin, 2006, p. 370.

sociale [1] : non seulement parce que de telles facultés (l'ouïe, la vision, le toucher) sont l'élément, le milieu au sein desquels se tissent et se nouent les rapports des hommes au monde et des hommes entre eux, mais aussi parce que ces facultés sont à leur tour modifiées en fonction de ces mêmes rapports, de sorte qu'on ne voit pas ou qu'on n'entend pas de la même manière selon les sociétés et les époques sociales : « la *formation* des 5 sens, écrivait Marx en 1844, est un travail de l'ensemble de l'histoire mondiale antérieure » [2]. Autrement dit, les facultés sensibles humaines deviennent inséparables du déploiement historique de l'activité humaine pour autant que cette activité est elle-même essentiellement une activité en soi sociale, consistant en l'instauration et en un développement de rapports sociaux.

Les dimensions de l'activité humaine sensible et du social ou des rapports sociaux se nouent aussitôt l'une à l'autre dans le texte des *Thèses* : le centrage des matérialismes jusqu'ici (y compris Feuerbach) sur le sensible comme fait et donné, non rapporté au déploiement de l'activité sensible humaine, a pour conséquence, explique Marx, que leur point de vue n'a pu être que celui des individus de la société civile. Les individus de la société civile étant des individus essentiellement considérés comme isolés les uns des autres, cela signifie que le point de vue des matérialismes a échoué jusque là à être le point du vue des *rapports*, c'est-à-dire un point de vue *social*.

---

1. Marx, *Manuscrits économico-philosophiques de 1844*, trad. F. Fischbach, Paris, Vrin, 2007, p. 151 (noté M44) : « Les sens de l'homme social sont des sens *autres* que ceux de l'homme non social ; c'est seulement par la richesse, objectivement déployée, de l'être de l'homme que, pour une part, sont formés et, pour une autre part, sont engendrés la richesse de la sensibilité *humaine* subjective, une oreille musicale, un œil pour la beauté de la forme, bref, des *sens* capables de jouissances humaines, des sens qui se confirment en tant que forces essentielles humaines ».

2. M44, p. 151.

C'est la Thèse n°9 : « Le point extrême jusqu'auquel va le matérialisme intuitif, c'est-à-dire le matérialisme qui ne comprend pas la sensibilité comme activité pratique, est l'intuition des individus isolés et de la société civile », complétée par la Thèse n°10 : « Le point de vue de l'ancien matérialisme, c'est la société civile, le point de vue du nouveau, la société humaine ou l'humanité sociale ». En tant qu'incarnant un point de vue pris sur les êtres sensibles tels qu'ils sont immédiatement donnés dans leur individualité ou leur singularité isolée, les matérialismes n'ont pu jusqu'ici exprimer autre chose que le point de vue d'individualités isolées et inertes qui n'ont leur unité qu'en elles-mêmes et non dans les rapports qu'elles tissent et entretiennent dans et par le déploiement de leur activité.

La question qui se pose ici est de savoir si le point de vue de « la société humaine » ou de « l'humanité sociale » est un point de vue pris sur quelque chose qui existe effectivement ou non. Autrement dit, la question est de savoir si ce que Marx appelle (Thèse n°6) « l'ensemble des rapports sociaux » est quelque chose qui existe vraiment ou non. En d'autres termes encore : le point de vue de Marx ici est-il descriptif ou bien évaluatif et normatif ? La question peut sembler étrange et on est évidemment tenté de dire que oui, évidemment, le point de vue que Marx revendique ici comme « matérialiste » ne peut être qu'un point de vue descriptif de l'existant. Pourtant, aux yeux mêmes de Marx, l'existant ne peut être que la société civile telle qu'elle est, c'est-à-dire la société civile faite d'individus se concevant et agissant comme des individus isolés les uns des autres et placés en concurrence les uns avec les autres. La Thèse n°6 [1] pose certes au sujet de « l'essence

1. La Thèse n°6 peut à bon droit être considérée comme « stratégique », d'où le fait qu'Étienne Balibar l'ait mise au centre de son interprétation de

humaine » qu'elle est, « dans sa réalité effective, l'ensemble des rapports sociaux » : ce qui semble vouloir dire que l'ensemble des rapports sociaux est la réalisation même et en acte de l'essence humaine. Mais cette même Thèse ajoute que « Feuerbach ne parvient pas jusqu'à la critique de cette essence effective » : c'est donc que l'essence humaine, telle qu'elle est actuellement réalisée par et dans les rapports sociaux ici et maintenant en vigueur, doit être, selon Marx, objet de la *critique*. Pourquoi, sinon parce que l'ensemble existant des rapports sociaux ne réalise pas complètement ou pas adéquatement l'essence humaine, voire parce qu'il empêche cette réalisation et lui fait obstacle. « L'essence humaine, ajoute encore Marx dans cette même Thèse n°6, n'est pas quelque chose d'abstrait qui réside dans l'individu unique » : or c'est justement cet « individu unique », isolé des autres individus, qui est la figure actuellement existante de l'individualité humaine au sein de la société civile moderne. Aussi longtemps que prévaut cet état de choses, fait « d'individus humains abstraits », d'individus isolés les uns des autres et affrontés les uns aux autres [1], il est inévitable

l'ensemble des *Thèses* : *cf.* l'annexe intitulée « Anthropologie philosophique ou ontologie de la relation ? Que faire de la VIᵉ Thèse sur Feuerbach ? » qu'É. Balibar a ajoutée à la réédition en 2014 de sa *Philosophie de Marx* (Paris, La Découverte, 2014, p. 193-250).

1. Marx, Engels, *La Sainte Famille*, VI, 3, trad. E. Cogniot, Paris, Éditions sociales, 1969, p. 142 ; *cf.* Marx, Engels, *Werke*, MEW, Bd. 2, (noté MEW2), Berlin, Dietz Verlag, 1990, p. 123 : « De même que la libre industrie et le libre commerce abolissent l'exclusivisme privilégié et, par suite, suppriment la lutte des divers exclusivismes entre eux, et posent au contraire à leur place l'homme libéré du privilège (…), l'homme qui n'est plus lié à l'autre homme pas même par l'*apparence* d'un lien universel, et engendrent la lutte universelle de l'homme contre l'homme, de l'individu contre l'individu, de même toute la *société civile* n'est plus que cette guerre réciproque de tous les individus simplement séparés les uns des autres par leur *individualité* même (…). » [trad. modifiée]

que l'essence humaine soit conçue comme quelque chose d'abstrait, à la fois séparée des individus et résidant en eux, comme ce que Marx appelle ici une « généralité intérieure, muette, posant un lien *naturel* entre la multiplicité des hommes » (Thèse n°6 encore). Cette erreur (inévitable dans l'état actuel des choses) est double : d'une part l'essence humaine n'est pas *interne* aux individus, mais extérieures à eux, ou plutôt elle est *entre eux* [1] puisque cette essence est l'ensemble de leur rapports ; d'autre part, cette essence n'est pas *naturelle*, elle n'est pas de l'ordre de la naturalité d'un genre ou d'une espèce, elle est *sociale*, c'est-à-dire qu'elle est historiquement produite et engendrée. L'essence humaine est donc dans les rapports sociaux : c'est là qu'elle existe réellement ou effectivement.

LA PRATIQUE RÉVOLUTIONNAIRE

Parvenu à ce point, il faut dire que les rapports sociaux existants ne permettent pas que s'y réalise l'essence humaine – raison pour laquelle ces mêmes rapports peuvent être objets de critique. Et ces rapports font obstacle à cette réalisation dans la mesure même où ils possèdent la forme de rapports sociaux entre des individus isolés [2], c'est-à-dire la forme de

---

1. Étienne Balibar dirait qu'elle est « transindividuelle » : *cf.* É. Balibar, *La philosophie de Marx, op. cit.*, 2014, p. 69.
2. Marx ne construit pas une alternative entre d'une part les rapports sociaux (dont son propre point de vue serait l'expression) et d'autre part les individus abstraits, isolés et séparés les uns des autres. L'alternative n'est pas entre des rapports et des non-rapports (donc isolement, atomisme), mais entre des rapports qui socialisent et des rapports qui désocialisent : autrement dit, ce sont bien *encore* ou *déjà* des rapports sociaux qui produisent des individus séparés et isolés les uns des autres. Mais, inversement, cela veut dire que les rapports sociaux qui socialisent effectivement (ceux au point de vue desquels

rapports qui restent extérieurs aux individus, ou qui n'apparaissent pas et ne peuvent pas apparaître aux individus comme étant *leurs* rapports. De tels rapports doivent non seulement être critiqués, mais en outre ils doivent être *transformés* (ces rapports sont « *zu verändern* », selon le terme utilisé dans la Thèse n°11). Et le texte de Marx contient la raison essentielle pour laquelle ces rapports peuvent effectivement être transformés : « Toute vie sociale est essentiellement *pratique* », dit la Thèse n°8. Les rapports sociaux sont des rapports pratiques : ils sont une forme pour un contenu qui est l'activité sociale elle-même. Produits de l'activité ou de la pratique sociale des hommes, ces rapports peuvent aussi et pour cette raison être transformés par une activité ou une pratique. C'est pourquoi les *Thèses* contiennent et proposent la théorie non pas seulement de l'activité sociale en général, mais spécialement la théorie de « la pratique révolutionnaire » (Thèse n°3).

Cette activité révolutionnaire est la pratique qui transforme les rapports sociaux existants, c'est-à-dire qui transforme des rapports extérieurs aux individus isolés qu'ils relient, en des rapports immanents aux individus réalisant leur essence humaine nulle part ailleurs que dans les rapports mêmes qu'ils entretiennent et nouent les uns avec les autres. Le matérialisme des rapports pratiques dont Marx se revendique dans les *Thèses* est ainsi le point de vue même de la transformation sociale et donc de l'activité révolutionnaire qui fait passer de « la société civile » à « la société humaine ou [à] l'humanité

Marx se situe en parlant de « l'humanité sociale ») ne suppriment pas les individus ou les différences individuelles (de même que les rapports qui désocialisent sont eux-mêmes des rapports et, donc, ne suppriment pas tout rapport) : les rapports sociaux qui socialisent (au lieu d'isoler et de séparer) le font à partir des différences ou, mieux, *à travers* les différences *maintenues*, c'est-à-dire à travers les individus.

sociale » (Thèse n°10). À la question que nous posions plus haut, il faut donc répondre qu'il existe bien des rapports sociaux ou qu'il existe bien un « ensemble de rapports sociaux », mais que cet ensemble – dans la forme sous laquelle cet ensemble existe *actuellement* et qui est celle de la mise en rapport par le dehors (soumission à des rapports externes subis) ou par le dedans (l'essence « intérieure et muette ») d'individus isolés les uns des autres – est tel qu'il constitue un obstacle (qui doit être détruit) à la réalisation de « l'humanité sociale », c'est-à-dire d'une humanité faite d'individus vivant dans leurs rapports, vivant *de* leurs rapports, d'individus *traversés* [1] des rapports constitutifs de leur commune humanité.

Une telle transformation révolutionnaire des rapports sociaux relève clairement de ce que Marx appelle le « changement des circonstances » (*die Veränderung der Umstände*) ou la « modification des circonstances » (*das Ändern der Umstände*) (Thèse n°3) [2]. Mais cette même Thèse n°3 insiste sur le fait que l'activité ou la pratique révolutionnaire ne peut être réduite à la seule modification ou au seul changement des circonstances. Ou plutôt : cette transformation des circonstances ne peut pas s'accomplir sans que soit produite en même temps une modification des acteurs mêmes de la transformation des circonstances. Cette idée est une

1. D'où la pertinence de la notion de « transindividualité », reprise à Simondon (*L'individuation psychique et collective*, Paris, Aubier, 1989) par Étienne Balibar dans *La philosophie de Marx, op. cit.*, p. 69-72.

2. Les concepts de *Veränderung* (le changement, la transformation) et de *Ändern* (le changement, la modification ou « le change », selon une proposition d'Étienne Balibar) avaient été mis par Ernst Bloch au centre de son interprétation des *Thèses sur Feuerbach* : cf. E. Bloch, *Le Principe Espérance*, trad. F. Wuilmart, Paris, Gallimard, 1976, t. 1, chap. XIX : « La transformation du monde ou les onze *Thèses* de Marx sur Feuerbach », p. 301-344.

conséquence du point de vue propre au nouveau matérialisme de Marx en tant que matérialisme de l'activité ou de la pratique. Le matérialisme antérieur, en ne concevant pas les hommes comme des individus essentiellement actifs, ne parvenait à concevoir que l'effet déterminant des circonstances sur les hommes : en ce sens, toute formation, toute « éducation » (*Erziehung*) allaient des choses ou des circonstances vers les hommes conçus comme les réceptacles passifs des influences extérieures. « La doctrine matérialiste du changement des circonstances et de l'éducation oublie que les circonstances sont changées par les hommes » (Thèse n°3) : autrement dit, en ne concevant pas les hommes comme des êtres essentiellement agissants, les matérialismes antérieurs se rendaient incapables de prendre en compte d'une part le fait que les hommes ne sont pas seulement changés par les circonstances, mais qu'ils changent eux-mêmes les circonstances du fait même du déploiement de leur activité propre, et d'autre part le fait qu'en changeant les circonstances, les hommes se changent eux-mêmes dans le même temps. Ce que le nouveau matérialisme de Marx est à même de concevoir, c'est l'unité du changement des circonstances et de l'activité humaine, c'est-à-dire à la fois le fait que l'activité humaine change les circonstances et le fait que cette activité est elle-même modifiée par les circonstances. En d'autres termes, le point de vue propre au matérialisme de Marx le rend capable de penser ce que Kant [1] et Hegel [2] appelaient une « action

1. Kant, *Critique de la raison pure*, Analytique des concepts, § 10 et Troisième analogie de l'expérience, trad. A. Tremesaygues et B. Pacaud, Paris, P.UF., 1980, p. 92 et p. 197.

2. Hegel, *Encyclopédie des sciences philosophiques, Science de la logique, II : La théorie de l'essence*, § 102-106, trad. B. Bourgeois, Paris, Vrin, 1986, p. 235-237.

réciproque » (*eine Wechselwirkung*) [1], une action que les termes d'un rapport exercent simultanément l'un sur l'autre (ou « communauté » [*Gemeinschaft*] – c'est le terme de Kant – d'action et de réaction). Marx pense ainsi *à la fois* que « les circonstances sont changées par les hommes » *et* que « l'éducateur doit lui-même être éduqué », c'est-à-dire *à la fois* une action qui va des hommes vers les choses ou les circonstances, *et* une action qui va des choses ou des circonstances vers les hommes, et qui les change ou les « éduque ». C'est pourquoi le changement des choses ou des circonstances peut désormais être pensé comme étant inséparable du changement ou de la modification des hommes eux-mêmes.

L'unité du changement des circonstances et de l'activité humaine est ce que Marx appelle (Thèse n°3) « la coïncidence (*das Zusammenfallen*) du changement des circonstances et de l'activité humaine ». La proposition complète parle de « la coïncidence (*das Zusammenfallen*) du changement des circonstances et de l'activité humaine ou transformation de soi (*Selbstveränderung*) ». Le problème ici est de déterminer le sens du « ou » (*oder*) : faut-il comprendre que la « transformation de soi » est donnée pour équivalente à la seule « activité humaine » ou bien que le « ou » porte sur l'ensemble de ce qui le précède, c'est-à-dire sur « la coïncidence

---

1. On peut dire qu'il en va de l'« action réciproque » comme du « côté actif » : elle a été « développée en opposition au matérialisme sous une forme abstraite par l'idéalisme », en l'occurrence par Kant et Hegel (Thèse n° 1) – cette « forme abstraite » tenant au fait que l'action réciproque n'a pas servi jusqu'ici à penser et à comprendre l'échange d'activité entre les conditions matérielles et les hommes en tant qu'êtres sensibles et actifs. Sur l'importance du concept de *Wechselwirkung* depuis Hegel (mais en réalité déjà depuis Leibniz et Kant) jusqu'à Dewey en passant par Marx, voir E. Renault, *Connaître ce qui est. Enquête sur le présentisme hégélien*, Paris, Vrin, 2015, notamment chap. IX, p. 233 *sq.*

du changement des circonstances et de l'activité humaine » ?
Toute activité humaine ne pouvant être identifiée à une
transformation de soi (dans la mesure où une grande part de
l'activité humaine consiste à produire des choses utiles), il
me paraît très probable que Marx veuille dire ici que ce qui
peut être compris comme « transformation de soi », c'est
précisément l'unité même du changement des circonstances
et de l'activité humaine : en d'autres termes, Marx voudrait
dire ici que, si on pense ensemble le changement des
circonstances et l'activité humaine qui produit ce changement
(mais sur laquelle les circonstances agissent en retour), on
obtient la transformation de soi. La transformation de soi
désignerait ainsi l'unité même, « la coïncidence », du
changement des circonstances et du déploiement de l'activité
humaine. Le point est d'une importance capitale dans la
mesure où la même Thèse n°3 pose que cette coïncidence du
changement des circonstances et de l'activité humaine « ne
peut être saisie et rationnellement comprise que comme
pratique révolutionnaire ». Or, si la coïncidence du changement
des circonstances et de l'activité humaine consiste en la
transformation de soi, cela signifie que la pratique
révolutionnaire consiste elle-même en une telle « transformation
de soi ».

Si l'on veut bien comprendre ce que Marx veut dire ici,
il ne faut pas penser abstraitement l'action réciproque entre
l'activité humaine et le changement des circonstances : il faut
penser cela dans les conditions dont Marx parle dans les
Thèses. Or on a vu que ces conditions sont les suivantes : ils
s'agit d'une part des rapports sociaux caractéristiques de la
société civile, c'est-à-dire de rapports qui n'existent pas
comme tels (c'est-à-dire en tant que rapports) pour des individus
que les circonstances ou les conditions dans lesquelles ils se
trouvent conduisent à vivre et à se penser comme des individus

isolés et séparés les uns des autres, et d'autre part de la perspective de l'instauration de « la société humaine ou [de] l'humanité sociale ». Le changement des circonstances consiste donc très précisément en l'abolition ou la suppression de la « société civile » en tant qu'elle fait obstacle à une réalisation sociale des hommes, c'est-à-dire à un accomplissement d'eux-mêmes dans et par leurs propres rapports. Il faut passer de rapports qui isolent à des rapports qui accomplissent : c'est là le « changement des circonstances » qui est à opérer. Ce changement consiste pour les hommes à produire et engendrer les conditions sociales de leur propre accomplissement, c'est-à-dire à produire des rapports sociaux qui permettent la réalisation de leur essence – étant entendu que cette essence est elle-même relationnelle et que l'effectuation de cette essence ne peut avoir lieu qu'au sein de rapports. Mais la production de conditions sociales et de rapports sociaux nouveaux engendre en même temps une modification des hommes eux-mêmes (ce que Marx appelle la « modification de soi »). De sorte que la pratique révolutionnaire n'est elle-même pas autre chose que l'activité qui unifie en soi la modification des circonstances et la modification de soi des hommes.

« Si l'homme est formé par les circonstances, il faut former les circonstances humainement » [1] : cette proposition de Marx dans *La Sainte Famille* prend tout son sens quand on la met en rapport avec le texte des *Thèses sur Feuerbach*. Seules des circonstances ou des conditions sociales elles-mêmes humaines peuvent permettre à l'homme de vivre et de s'accomplir en tant qu'homme puisque l'homme est un être formé par les conditions et, plus précisément, par les rapports dans lesquels il vit. Mais cela signifie-t-il qu'il faut d'abord

---

1. Marx, *La Sainte Famille*, trad. cit., p. 158 ; MEW2, p. 138.

disposer d'une conception ou d'une représentation de l'essence humaine, afin de pouvoir ensuite modifier les conditions de manière à ce qu'elles deviennent conformes à cette essence ? On pourrait le croire, notamment lorsqu'on lit ceci sous la plume de Marx : « si l'homme est par nature social (*gesellschaftlich*), alors il ne développe sa vraie nature que dans la société, et il ne faut pas mesurer le pouvoir de sa nature au pouvoir de l'individu singulier, mais au pouvoir de la société »[1]. La nature ou l'essence sociable de l'homme semble ici devoir être posée d'abord pour qu'ensuite puissent être instaurés des rapports sociaux permettant à cette essence de s'y accomplir et réaliser effectivement. Mais c'est là sans doute pour Marx lui-même une version simplifiée de sa propre pensée car un autre passage du même texte fait droit à la notion d'action réciproque absente de cette version où l'essence semble préexister et ne pas être modifiée à son tour par le changement des circonstances. Dans cet autre passage, Marx écrit ceci : « ce qui importe donc, c'est d'organiser le monde empirique de telle façon que l'homme y fasse l'expérience et y prenne l'habitude de ce qui est véritablement humain, qu'il y fasse l'expérience de soi en tant qu'homme »[2]. Il n'y a donc pas une essence humaine qui précèderait une modification des circonstances destinée à les rendre conformes à cette essence. L'essence humaine se forme elle-même en même temps que sont produites par les hommes les circonstances et les conditions qui permettent leur accomplissement d'eux-mêmes : c'est en engendrant des conditions sociales elles-mêmes humaines que les hommes « prennent l'habitude de ce qui est véritablement humain » et qu'ils « font l'expérience de leur qualité d'hommes ».

1. Marx, *La Sainte Famille*, trad. cit.., p. 158 (trad. modifiée) ; MEW2, p. 138.

2. *Ibid.* (trad. modifiée), p. 157 ; MEW2, p. 138.

La pratique révolutionnaire est le nom même de l'action réciproque qui permet que les hommes modifient les circonstances actuelles pour en faire les conditions sociales d'une vie humaine accomplie et que, dans l'activité même d'engendrer ces conditions, ils fassent l'expérience de leur « qualité d'homme ». La pratique révolutionnaire est donc cette activité par laquelle les hommes à la fois produisent des conditions humaines de vie et forment leur sens de ce qui est proprement (ou essentiellement) humain : par et dans la pratique révolutionnaire, les hommes déploient une activité et nouent entre eux des rapports qui les conduisent à comprendre que leur essence d'hommes n'est nulle part ailleurs que dans l'activité même d'instaurer des rapports qui leur permettent (et, en même temps, dans l'activité de détruire les rapports qui les empêchent) de vivre une vie pleinement humaine et de comprendre ce que c'est qu'être véritablement homme. Si « l'humanité sociale » est le nom de l'humanité accomplie, celle-ci ne s'anticipe pas dans une essence humaine que l'on concevrait abstraitement avant de la réaliser, mais dans l'activité même par laquelle les hommes expérimentent ce que c'est qu'être véritablement homme en engendrant les conditions qui permettent de l'être réellement : cette activité est « la pratique révolutionnaire » (*die revolutionäre Praxis*).

LE PROBLÈME DE L'IDÉOLOGIE [1]

Outre la conception de l'activité révolutionnaire, il est un autre domaine essentiel qu'ouvre à Marx l'adoption par lui du point de vue d'un matérialisme de la pratique : c'est la

---

1. Les pages qui suivent reprennent en le complétant le contenu d'un article initialement paru dans *Actuel Marx* n°43, « Critiques de l'idéologie ».

possibilité de comprendre et d'articuler d'une façon nouvelle les plans de la réalité et de l'idéalité, c'est-à-dire les plans de l'activité matérielle de production et de l'activité productrice de représentations et d'idées. L'élaboration du concept d'idéologie prend place et trouve son sens, chez Marx, dans le cadre d'une conception à la fois *matérialiste et pratique* de l'idéalité en général et, en particulier, de la conscience et de ses représentations. Il s'est agi pour Marx, à travers l'élaboration du concept d'idéologie, de parvenir à comprendre et à rendre compte de l'idéalité comme telle, c'est-à-dire du fait – pour reprendre ses propres termes – que, dès lors qu'il y va de la vie humaine, il n'y a pas seulement « la vie », mais aussi « la conscience » et ses « représentations », et de parvenir à penser le type de rapports qu'entretiennent l'idéalité et la réalité, c'est-à-dire les rapports qu'entretiennent la conscience et ses produits avec la vie pratique ou l'activité pratique des hommes, en tant que cette vie, essentiellement relationnelle et productive, est elle-même faite ou tissée de rapports pratiques.

Ce qui prendra le nom d'idéologie dans *L'idéologie allemande* désigne un problème que Marx avait déjà rencontré auparavant et qui avait reçu une première élaboration avant *L'idéologie allemande*. L'origine du concept d'idéologie chez Marx me semble devoir être cherchée du côté d'une théorie de la conscience, dont il jette les bases dès les *Manuscrits de 44*, sous la forme d'une critique de toute théorie de la conscience qui commencerait par la « conscience de soi ». Ce refus marxien de partir du sujet conscient de soi nous conduit vers des terres philosophiques dont on peut dire qu'elles sont de nature spinoziste, et il me parait en effet à peu près inévitable de devoir penser, notamment avec Althusser, que c'est bien dans une telle atmosphère spinoziste [1] que s'est constitué le concept marxien d'idéologie.

Partons d'un passage des *Manuscrits de 1844* : « Ma conscience *universelle* est seulement la figure *théorique* de ce dont la communauté *réelle*, l'être social est la figure *vivante*, – alors qu'aujourd'hui la conscience *universelle* est une abstraction de la vie réelle qui se présente à cette dernière comme son ennemie. Par suite, l'*activité* de ma conscience universelle – en tant qu'activité – est aussi mon existence *théorique* en tant qu'être social. » [2] Marx tente ici de comprendre le type de rapports existant entre, d'une part, la « conscience universelle » ou « théorique » et, d'autre part, « la communauté réelle » ou « l'être social ». Il explique que, dans l'état actuel des choses, « la conscience universelle » ou « théorique » se présente comme extérieure et même comme hostile à la « communauté réelle » ou à « l'être social » : les hommes sont donc portés à penser leur existence sociale et leur conscience théorique d'eux-mêmes comme deux éléments séparés et hétérogènes, voire opposés l'un à l'autre. Cette séparation et cette opposition peuvent notamment apparaître de la façon suivante : les hommes *vivent* et expérimentent *dans la pratique* une existence sociale marquée par leur opposition entre eux, par leur division, par leur

---

1. Par « atmosphère spinoziste », je veux parler d'une part d'un type de rapport à Spinoza qui n'est pas de l'ordre de la référence explicite et littérale, et d'autre part d'une atmosphère dans laquelle baignaient non pas seulement Marx, mais les Jeunes-hégéliens, atmosphère qui n'est d'ailleurs pas exclusive d'autres, comme par exemple l'atmosphère fichtéenne, très prégnante également dans le milieu Jeune-hégélien. Sur ce point, voir ma Postface (« De la philosophie de l'action à la théorie de l'activité vitale et sociale ») à la réédition de Gérard Bensussan, *Moses Hess, la philosophie, le socialisme*, « Europaea Memoria », Hildesheim-Zürich-New York, Olms Verlag, 2004.

2. M44, p. 148.

concurrence mutuelle, par la domination que les uns exercent sur les autres, et, en même temps, *théoriquement*, ils ont *conscience* de leur unité, de leur appartenance à un même genre ; du coup, il vivent un rapport de contradiction entre leur existence sociale et leur conscience d'eux-mêmes, et ils ne peuvent réaliser le contenu de leur conscience théorique d'eux-mêmes que *contre* leur existence sociale réelle. C'est ce que Marx veut dire en écrivant que, « aujourd'hui, la conscience universelle est une abstraction de la vie réelle qui se présente à cette dernière comme son ennemie ». Les conditions de la vie réelle sont telles que les hommes ne peuvent prendre théoriquement conscience d'eux-mêmes, c'est-à-dire de l'unité de leur genre, que comme d'une dimension opposée à leur vie sociale réelle où il leur faut, pour vivre et survivre, ne songer et ne se consacrer qu'à leur vie individuelle et égoïste. La vie sociale réelle s'accomplit contre la conscience théorique, et celle-ci ne peut à son tour se faire valoir comme conscience universelle que contre la première.

On a donc une situation où la « conscience universelle » apparaît comme abstraite, c'est-à-dire comme séparée de l'existence sociale réelle ; mais les causes de cette séparation et de cette abstraction de la conscience théorique sont à chercher dans la vie sociale réelle elle-même : si la conscience théorique et universelle apparaît comme séparée et abstraite de la vie sociale réelle, c'est parce que cette dernière est caractérisée par des rapports sociaux de division, d'opposition, de concurrence entre les individus et de domination d'une classe sur une autre. Ce serait donc une existence sociale divisée, marquée par l'opposition et la domination, qui engendrerait la conscience universelle en tant qu'abstraction, c'est-à-dire comme un élément séparé et extérieur à l'existence sociale elle-même. Mais est-ce à dire qu'il n'y a pas de forme de conscience qui soit immanente à la réalité sociale telle qu'elle existe dans les conditions actuelles de la division, de la concurrence et de la domination ? Évidemment non. Il y a bien une forme de conscience inhérente ou immanente à la réalité sociale actuelle : c'est la conscience que les individus prennent d'eux-mêmes comme de Soi individuels, isolés et séparés les uns des autres. La conscience en tant que conscience *de soi*, et non pas comme conscience du genre : voilà le type de conscience qui convient à une réalité sociale elle-même divisée et scindée. Mais ce type de conscience qu'est la conscience de soi ou, mieux, la conscience du Soi, est à son tour une abstraction ; Marx le dit on ne peut plus clairement : « Le soi qui a été abstrait et fixé pour soi est l'homme en tant qu'*égoïste abstrait*, c'est l'*égoïsme* en sa pure abstraction élevé à la pensée » [1]. La vie sociale réelle – faite de division, de scission, d'opposition, de concurrence et de domination de classe – possède donc son expression dans la conscience : c'est la conscience de soi à la fois comme d'un individu séparé et comme d'un sujet autonome, en tant que forme actuellement régnante de la conscience, règne dont la conséquence immédiate est aussi que la « conscience universelle », c'est-à-dire la conscience non pas du Soi singulier mais du genre, apparaît comme extérieure et séparée, comme abstraite de la vie sociale et opposée à elle.

On comprend donc mieux ce que Marx veut dire lorsqu'il écrit que « ma conscience *universelle* est seulement la figure *théorique* de ce dont la communauté *réelle*, l'être social est la figure *vivante* » : il ne veut pas seulement dire qu'une forme précise « d'être social » se donne l'expression qui lui convient dans une forme déterminée de « conscience universelle » et « théorique ». Certes, cela n'est pas faux et on peut dire qu'à

1. M44, p. 164.

une forme d'être social correspond une forme de conscience théorique. Mais Marx dit davantage que cela, ou il dit cela d'une façon plus précise : il dit que l'être social est la forme vivante *de ce dont* la conscience universelle est la forme théorique. Il ne dit donc pas que l'être social se traduit ou s'exprime dans une forme de conscience, ni que l'être social détermine une forme de conscience. Il dit qu'il existe une unique réalité ou qu'une unique réalité est donnée, dont l'être social est la figure vivante, et dont la conscience est la figure théorique : c'est bien d'une forme de spinozisme qu'il s'agit ici. Ce n'est pas que la conscience exprime l'être social, ou que la conscience est déterminée par l'être social : c'est que l'être social et la conscience sont deux expressions, deux figures d'une même réalité. « En tant que *conscience générique*, l'homme confirme sa *vie sociale* réelle et il répète seulement dans la pensée son existence réelle, de même qu'inversement l'être générique se confirme dans la conscience générique et est pour soi dans son universalité en tant qu'être pensant » [1]. Marx peut difficilement soutenir plus clairement une position relevant ce qu'on pourrait appeler un « parallélisme » : la « vie sociale réelle » (ou l'*être* générique) se confirme en étant répétée, redoublée par la *conscience* générique, c'est-à-dire dans la pensée, *et inversement*.

Marx parvient ici à une manière philosophiquement très précise d'exprimer le rapport entre ce qui se passe dans la réalité sociale, et ce qui se passe dans la conscience : c'est une seule et même chose qui se passe dans l'une et dans l'autre, mais dans deux éléments différents ou sous deux figures différentes, celle de la réalité (sociale) et celle de l'idéalité (de la conscience et de ses représentations). Si telle est la thèse de Marx, alors on comprend pourquoi il pourra

1. M44, p. 148.

dire aussi bien et en même temps que la réalité sociale détermine les idées et la conscience, et que les idées ont en retour une capacité à déterminer la réalité sociale : les deux thèses ne se contredisent pas, elles sont les conséquences inévitables de la thèse selon laquelle c'est une seule et même réalité qui s'exprime aussi bien dans l'être réel de la société et des rapports pratiques des hommes, que dans l'être idéel de leurs consciences, de leurs représentations et de leurs idées.

CRITIQUE DE LA CONSCIENCE COMME FACULTÉ

En d'autres termes, Marx rompt avec toute conception de la conscience comprise comme *faculté* spécifiquement humaine. Il y a certes quelque chose de proprement humain dans la conscience, mais pas au sens où il s'agirait d'une *faculté* que les hommes seraient les seuls à posséder. On ne comprend pas, selon Marx, ce que la conscience a de spécifiquement humain si on la comprend comme une faculté. C'est pourquoi Marx, comme Spinoza, ne *commence* jamais par la conscience : à chaque fois, *il y arrive* comme à l'un des attributs, parmi d'autres, du genre humain. « C'est maintenant seulement, *après* avoir déjà examiné quatre moments, quatre aspects des rapports historiques originels, que *nous trouvons que l'homme a aussi de la "conscience"* », écrit Marx dans *L'idéologie allemande* [1]. En partant du type d'activité réellement déployé par les hommes, et en examinant successivement « quatre

---

1. Nous citons le texte le plus récemment établi de *L'idéologie allemande* : K. Marx, F. Engels, J. Weydemeyer, *Die deutsche Ideologie*, éd. cit., p. 15-16. La pagination de cette édition allemande sera reprise dans la nouvelle traduction française de *L'idéologie allemande* par J. Quétier et G. Fondu, à paraître – raison pour laquelle nous proposons à chaque fois notre propre traduction du texte allemand.

aspects » du déploiement historique de cette activité, à savoir 1) le fait que les hommes produisent les moyens de satisfaire leurs besoins, 2) le fait que les premiers moyens de la satisfaction des besoins engendrent à leur tour de nouveaux besoins, 3) le fait que les hommes se reproduisent et entrent dans des relations naturelles (la famille) et, enfin, 4) le fait qu'en produisant et reproduisant leur vie, les hommes entrent dans des rapports sociaux, c'est-à-dire dans des rapports qui résultent de « l'action conjuguée » (*das Zusammenwirken*) d'une multiplicité d'individus, – après avoir examiné ces quatre aspects, *et seulement après*, Marx « trouve que l'homme a aussi de la conscience » ou « qu'il a, entre autres chose, de l'esprit et que cet esprit se manifeste en tant que conscience » [1]. C'est donc en procédant à l'examen des faits en lesquels consiste l'activité humaine réelle qu'on « trouve que l'homme a aussi de la conscience » : cela veut dire qu'on ne trouve pas la conscience tout de suite, mais cela veut aussi dire – pour peu qu'on soit attentif au texte de Marx – que ce qu'on trouve, ce n'est pas la conscience elle-même, mais le fait que l'homme a de la conscience. Ce qu'on trouve, ce n'est pas la faculté de conscience, mais le fait – encore un – d'avoir de la conscience. On peut donc ensuite examiner en quoi consiste ce fait, « avoir de la conscience », et on peut par exemple dire, comme Marx, que ce fait signifie « avoir des rapports ». Avoir de la conscience, c'est avoir des rapports. « Là où existe un rapport, il existe pour moi ; l'animal ne se "*rapporte*" à rien et ne se "*rapporte*" absolument pas » [2]. L'animal n'a pas de rapports parce que ses rapports avec le monde et avec les autres vivants n'existent pas pour lui *en tant que* rapports.

---

1. Passage biffé par Marx : Marx, Engels, *L'idéologie allemande*, trad. H. Auger, G. Badia, J. Baudrillard, R. Cartelle, Paris, Éditions sociales, 1968, p. 59.

2. *Die deutsche Ideologie*, éd. cit., p. 16.

L'homme seul est celui qui n'*est* pas seulement en rapports, mais qui *a* ses rapports : « ma conscience, c'est mon rapport avec ce qui m'entoure » (*Mein Verhältnis zu meiner Umgebung ist mein Bewusstsein*), écrit Marx [1]. Dans le cas des hommes, il y a donc le fait d'être en rapport (comme tous les vivants) et, en outre, le fait d'*avoir* ces rapports (fait spécifique aux hommes) : « pour l'animal, écrit Marx, son rapport aux autres n'existe pas en tant que rapport » [2]. Les rapports en quoi consiste la vie se doublent chez l'homme du savoir de ces même rapports. Inutile d'aller chercher une faculté pour expliquer ce savoir : le faire, ce serait déjà aller au-delà des faits. Les faits n'attestent pas l'existence d'une faculté de savoir, ils montrent seulement, dans le cas des hommes, l'existence d'un savoir des rapports, en plus de la seule existence de ces mêmes rapports. Il existe des rapports (à moins qu'il faille dire : il n'existe que des rapports), et, chez les hommes, il y a un savoir de ces rapports : voilà tout ce qu'on peut dire.

Mais d'où vient ce refus, chez Marx, de penser la conscience comme une faculté ? Pour le comprendre, il faut se rappeler que les termes de ce qui deviendra pour Marx le problème de l'idéologie ont été posés par Feuerbach dès les premières lignes de *L'essence du christianisme*. Feuerbach ouvre son enquête par la proposition suivante : « la religion repose sur cette *différence essentielle* qui distingue l'homme de l'animal – les animaux *n'ont pas* de religion » [3]. Mais, ajoute Feuerbach, cette première différence entre l'homme et l'animal repose elle-même à son tour sur une différence plus fondamentale encore : ce qui distingue l'homme de l'animal, c'est la

1. *Ibid.*
2. *Ibid.*
3. Feuerbach, « L'essence du christianisme », dans *Manifestes philosophiques*, trad. L. Althusser, Paris, P.U.F, 1973, Introduction, p. 57.

conscience (*das Bewusstsein*). Tels sont les termes initiaux du problème : seuls les hommes ont de la religion, et ils ont de la religion dans la mesure même où ils ont de la conscience. On comprend alors que, lorsque Marx, dans les *Manuscrits de 44*, récuse la position selon laquelle « l'homme = la conscience de soi » [1] et refuse que « l'homme soit posé [comme] = le soi » [2], ce n'est pas seulement avec Hegel qu'il rompt, mais aussi avec Feuerbach, c'est-à-dire avec celui qui commençait par la reconnaissance de la conscience de soi comme d'une spécificité essentiellement humaine. Marx ne commence pas, il ne commence *jamais* par ce qui distingue spécifiquement les hommes, mais au contraire par ce qu'ils ont en commun avec tous les autres êtres naturels et par ce qui fait d'eux d'abord des « parties de la nature » parmi les autres. En tant qu'êtres naturels, les hommes possèdent comme tous les vivants une activité vitale que Marx caractérise comme activité productive. Or, parmi les « forces naturelles » dont les hommes sont naturellement équipés, il y a « la conscience ». Qu'est-ce que cela veut dire et comment le comprendre ? « L'animal, écrit Marx, est immédiatement uni à son activité vitale, il ne s'en différencie pas, il *l*'est » [3]. L'homme se distingue en ce qu'il n'*est* pas seulement son activité vitale, mais en ce qu'en outre il *l*'*a* ou la possède : « l'homme fait de son activité vitale elle-même l'objet de sa volonté et de sa conscience ; il a de l'activité vitale consciente » [4]. Est-ce à dire qu'il faille pour autant caractériser essentiellement les hommes par une faculté de conscience, et poser que c'est une essence irréductiblement humaine qui s'exprime en tant que telle dans la faculté qu'ont les hommes de prendre pour objet

1. M44, p. 163.
2. M44, p. 163.
3. M44, p. 122.
4. M44, p. 122-123.

leur propre activité vitale ? Non, et c'est bien là le pas que Marx se refuse à franchir, parce qu'on ne peut le franchir sans devoir aussitôt après en déduire un certains nombre de conséquences qui contredisent les présupposés naturalistes qui sont ceux de Marx : inévitablement, il faut ensuite autonomiser la faculté de conscience, la considérer comme une faculté séparée, et finalement faire des hommes eux-mêmes des êtres qui constituent une exception à l'ordre général et commun de la nature. Or Marx voit là l'origine des illusions idéalistes dont la critique doit, selon lui, être accomplie non pas pour des raisons dogmatiques, mais pour des raison simplement *pratiques*, au motif essentiel que ces illusions conduisent les hommes à l'impuissance, c'est-à-dire à l'incapacité d'agir et de maîtriser tant leur monde que leur propre vie.

Mais alors, quel sens donner à une expression comme « l'homme a de l'activité vitale consciente » ? Pour le comprendre, il faut partir de la thèse marxienne selon laquelle les hommes sont des « êtres objectifs ». L'expression vient de Feuerbach, mais elle n'a plus le même sens quand Marx la reprend à son compte : pour Feuerbach, elle signifiait que les hommes sont les êtres qui prennent leur essence ou leur propre genre pour objet, et qu'ils prennent conscience d'eux-mêmes précisément en commençant toujours par prendre leur genre pour objet de leur conscience dans la religion. Pour Marx, la même expression signifie que les hommes sont les êtres qui se connaissent en tant qu'êtres objectifs, c'est-à-dire en tant que parties de la nature. La conscience ou ce que les philosophes appellent la conscience, c'est pour Marx la connaissance de soi comme objet – ce qui ne veut pas dire se prendre soi-même pour objet, mais se connaître en tant qu'être existant objectivement parmi d'autres dans le tout de la nature. Que les hommes aient de l'activité vitale consciente ne signifie donc pas que les hommes échappent à la condition générale des êtres naturels ou objectifs, mais au contraire qu'ils en rajoutent dans l'objectivité : ils sont non seulement, comme tous les autres êtres de la nature, dans un rapport vital de dépendance à l'égard du reste de l'objectivité de la nature, mais en outre ils savent qu'ils le sont – ce qui veut dire que le déploiement naturel de leur activité vitale propre (l'activité productive) se redouble, dans le cas des hommes, d'un savoir ou d'une connaissance de ce déploiement, et donc d'une volonté de manifester cette activité par eux-mêmes, c'est-à-dire – pour s'exprimer en termes spinozistes – d'être la cause adéquate de leur propre activité, par où l'activité humaine peut devenir ce que Marx appelle une *Selbstbetätigung*, une « autoactivation ». Dans la théorie de la conscience dont Marx jette les bases dans les *Manuscrits de 44*, le concept central est celui de *Verdopplung*, de « redoublement » : le déploiement de l'activité vitale se redouble chez les hommes d'un déploiement de cette même activité dans l'élément du connaître ou du savoir, c'est-à-dire dans l'élément de l'idéalité.

Voilà qui peut permettre de mieux saisir le sens d'un passage en apparence assez mystérieux des *Manuscrits de 44*. A l'endroit où il s'oppose à ce que « l'homme soit posé = le soi », Marx ajoute ceci : « le soi n'est que l'homme saisi *abstraitement* et engendré par abstraction », et il complète : « l'homme *est* de la nature du soi ; son œil, son oreille, etc., sont *de la nature du soi* ; chacune de ses forces essentielles a en lui la propriété de la *soi-ité* (*Selbstheit*) » [1]. La première affirmation se comprend aisément et nous l'avons déjà rencontrée : « le soi », ici, c'est la conscience comprise comme faculté individuelle, et c'est la conception de la conscience à

---

1. M44, p. 163.

laquelle on aboutit inévitablement dès lors qu'on saisit l'homme *abstraitement*, c'est-à-dire dès lors qu'on le sépare du reste de la nature, qu'on néglige aussi bien les rapports qu'il entretient avec le reste de la nature, que les rapports que les hommes nouent les uns avec les autres. La seconde affirmation est plus délicate à comprendre : que veut dire Marx dans la thèse selon laquelle « l'homme est de la nature du soi » ? On l'a vu : le soi, c'est la conscience, et la conscience, c'est la connaissance ou la pensée, c'est-à-dire l'idéalité ; par ailleurs, on sait aussi que la conscience n'est pas une faculté subjective et individuelle. Dans ces conditions, que veut-on dire et que peut-on vouloir dire lorsqu'on dit que l'homme a de la conscience ? Cela ne peut vouloir dire que cela : tout en l'homme, tous les aspects de l'existence humaine se répètent dans l'élément du savoir ou de l'idéalité. En ce sens, l'œil humain n'est pas seulement un œil voyant, c'est toujours en même temps un œil sachant ou « conscient », parce que c'est un œil qui sait qu'il voit ; de même l'oreille humaine n'est pas seulement entendante, elle est aussi et en même temps une oreille sachante ou consciente, une oreille sachant qu'elle entend. Il ne faut donc pas dire que chaque homme a un Soi, mais, au contraire, que c'est le Soi qui a chaque homme et chaque côté ou aspect de l'être de l'homme, ou encore, que chaque homme et chaque aspect de l'être d'un homme relève en même temps du Soi, du *Ich*, c'est-à-dire de l'idéalité, au sens où il n'y a aucun aspect de la réalité sensible humaine qui ne se répète et ne se réaffirme dans l'idéalité : tout en l'homme existe à la fois comme réalité sensible (œil, oreille, forces physiques) et comme idéalité (vue consciente, ouïe consciente, force physique consciente).

Le langage de la vie réelle

La question qui ne peut alors manquer de se poser est de savoir si, lorsque le concept d'idéologie est introduit par Marx, il l'est dans le cadre maintenu de cette conception de la conscience et de l'idéalité élaborée par lui en 44, ou s'il l'est au prix d'un bouleversement, voire d'un renversement de cette conception. Or, on peut lire ceci dans *L'idéologie allemande* : « les représentations que se font les individus sont des idées soit sur leurs rapports avec la nature, soit sur leurs rapports entre eux, soit sur leur propre nature ; il est évident que, dans tous ces cas, ces représentations sont l'expression consciente – réelle ou imaginaire – de leurs rapports et de leurs activités réels, de leur production, de leur commerce, de leur (organisation) comportement politique et social »[1]. Dans leur conscience, les hommes ne font donc d'abord qu'exprimer – dans l'élément idéel de la représentation et de la connaissance – cela même qui se passe dans leur vie réelle et qui constitue le contenu de cette vie réelle : ce contenu, ce sont une activité réelle de production, des rapports que les hommes nouent avec la nature ou avec le monde objectif en général, un commerce ou des rapports qui les lie les uns aux autres – et c'est bien ce contenu réel lui-même qui est exprimé dans l'élément idéel de la conscience ou de la connaissance, comme un ensemble de représentations et d'idées. Marx insiste sur ce caractère indissociable du contenu de la vie réelle et de son expression idéelle en allant jusqu'à dire que « les représentations, la pensée, le commerce intellectuel des hommes apparaissent ici comme *l'émanation directe* (*direkter*

---

1. Il s'agit d'un passage biffé du manuscrit que l'on trouve dans la traduction française : Marx, Engels, *L'idéologie allemande*, trad. cit., p. 50.

Ausfluss) de leur comportement matériel » [1]. D'où la thèse de Marx selon laquelle « la production des idées, des représentations et de la conscience (…) est le langage de la vie réelle (*die Sprache des wirklichen Lebens*) » [2] : il s'agit bien de l'expression d'un contenu réel de vie dans le langage de l'idéalité, d'un redoublement de ce contenu réel au moyen et sous la forme de son expression dans l'élément idéel de la représentation.

Du reste, si l'on suit bien le texte, on voit que cet ensemble de représentations et d'idées, ce « langage de la vie réelle » n'est pas lui-même immédiatement assimilé à l'idéologie comme telle. L'expression de la vie réelle dans l'élément idéel de la représentation peut en effet elle-même être soit « réelle », soit « imaginaire ». Que les représentations soient le langage de la vie réelle, c'est-à-dire le langage dans lequel est idéellement exprimée la vie réelle, laisse ouverte la possibilité que ce langage exprime *correctement* ce contenu réel ou qu'il l'exprime *faussement*, en se trompant. En d'autres termes, l'expression de la vie réelle dans le langage de la représentation peut être soit une expression exacte, soit une expression fautive : elle sera dite « idéologique » quand elle est fautive, c'est-à-dire quand elle n'est pas une expression conforme ou adéquate du contenu de la vie réelle. Les représentations et les idées, par lesquelles le contenu de la vie réelle est exprimé, peuvent donc être – pour employer les termes spinozistes qui sont significativement ceux de Marx ici – soit « adéquates », soit inadéquates et « imaginaires ». A proprement parler, c'est bien ici, lorsqu'il commence à être question de représentations imaginaires, que le concept d'idéologie apparaît – et c'est ici aussi que les problèmes commencent !

1. *Die deutsche Ideologie*, éd. cit., p. 115.
2. *Ibid.*

En effet, si les représentations de la conscience sont comme une série dont s'accompagne et par laquelle est redoublé, dans l'idéalité, le déploiement du contenu de la vie réelle, si elles en sont, comme Marx va jusqu'à le dire, « l'émanation directe », comment peut-il simplement exister des représentations fautives, inadéquates et imaginaires ? Il semble que cela ne soit même pas possible : à un événement de la vie réelle correspondra *nécessairement* l'expression idéelle de ce même événement, et on ne voit pas comment ni pourquoi cette expression pourrait être inadéquate ou fautive. Pour qu'il puisse y avoir inadéquation, il faudrait supposer une extériorité entre le contenu matériel de la vie réelle et les représentations idéelles de ce contenu : or tout ce que nous avons dit, et tout ce que Marx lui-même a dit jusqu'ici, va contre une telle extériorité des deux. Si, comme Marx le dit encore, « la conscience (*das Bewusstsein*) ne peut jamais être autre chose que l'être conscient (*das bewusste Sein*) »[3], comment la conscience pourrait-elle jamais être fautive par rapport à l'être puisqu'elle n'est rien d'autre que l'être lui-même, mais comme être idéel ou être-conscient ? Il n'y a pas d'autre solution que celle-ci : si on veut bien supposer que Marx ne se contredise pas lui-même aussi grossièrement, alors il faut comprendre l'adéquation autrement que comme la congruence de deux termes extérieurs l'un à l'autre. Il faut que l'inadéquation soit comprise autrement comme relevant d'un problème de correspondance entre la réalité et l'idéalité.

Ce qui ne veut pas dire autre chose que ceci : l'inadéquation de l'expression idéelle renvoie à une « inadéquation » *inhérente* à la vie réelle elle-même. Il n'y d'expression idéelle inadéquate et donc imaginaire que d'une vie réelle qui est inadéquate à elle-même. Et c'est bien là la solution vers laquelle s'oriente

3. *Die deutsche Ideologie*, éd. cit., p. 115.

Marx lui-même, notamment lorsqu'il écrit ceci : « si l'expression consciente des conditions de vie réelles des individus est imaginaire, si, dans leurs représentations, ils mettent la réalité la tête en bas, ce phénomène est encore une conséquence de leur mode d'activité matériel borné et des rapports sociaux étriqués qui en résultent » [1]. Autrement dit : il n'y a de représentations imaginaires, inadéquates et donc idéologiques que d'une vie réelle qui est elle-même « bornée », « étriquée », ou, comme le dira Adorno plus tard : « mutilée ». Des individus ne peuvent avoir des représentations inadéquates et idéologiques de la réalité que si, dans la réalité, ils mènent une vie bornée et étriquée, c'est-à-dire s'ils vivent dans des conditions qui ne permettent pas le développement, la réalisation et l'épanouissement de leur vie : des représentations idéologiques ne sont donc pas des représentations inadéquates à la vie réelle au sens où elles l'exprimeraient de manière fautive ou incomplète. Des représentations imaginaires et idéologiques sont au contraire des représentations qui expriment parfaitement, qui reflètent fidèlement, qui traduisent complètement et qui accompagnent nécessairement une vie réelle qui est elle-même inaccomplie, non réalisée, « bornée » et « étriquée ». S'il est bien vrai que « la production des idées, des représentations et de la conscience (…) est le langage de la vie réelle », alors la production des idéologies, des représentations inadéquates et de la conscience imaginaire est le langage d'une vie réelle inachevée, inaccomplie et mutilée [2].

---

1. Passage biffé qui se trouve dans la traduction française citée, p. 50.

2. Notons au passage que cette conception ne suppose aucune « coupure » à l'égard de la critique de la religion telle que Marx a pu la mener en 1843, donc avant de disposer du concept d'idéologie, notamment lorsqu'il écrivait que « la religion est la conscience de soi et le sentiment de soi de l'homme qui, ou bien ne s'est pas encore conquis, ou bien s'est déjà de nouveau perdu »,

A partir de là, on peut aller plus loin et comprendre pourquoi le trait caractéristique des représentations imaginaires ou idéologiques est de « mettre la réalité la tête en bas ». Et d'abord, qu'est-ce que c'est : « mettre la réalité tête en bas » ? C'est commencer par la conscience, prendre l'idéalité ou les idéalités comme point de départ – point de départ qui suppose lui-même d'avoir conféré une autonomie, une existence indépendante à la conscience et à ses représentations. Mais pourquoi une vie réelle bornée, étriquée et inaccomplie s'accompagne-t-elle nécessairement de formes de conscience dont la caractéristique est de partir des idées, de commencer par les représentations, pour ensuite seulement parvenir à la vie réelle et aux « hommes en chair et en os » ? Parce qu'une vie étriquée et mutilée est une vie qui ne possède ni les moyens ni les conditions lui permettant de se déterminer et de se développer à partir d'elle-même et par elle-même. C'est une vie qui n'agit pas par elle-même ni à partir d'elle-même, c'est une vie qui n'est pas, comme dit Marx, « *selbsttätig* », active par elle-même. Et si cette vie ne se rend pas active par elle-même, c'est qu'elle est toujours activée et donc déterminée par autre chose qu'elle-même, à savoir par des circonstances, des événements et des causes qu'elle ne comprend pas ou qu'elle ignore. Dès lors, ignorants des causes qui les déterminent à agir, les individus peuvent se figurer qu'ils agissent à partir

de sorte que la religion n'est la « réalisation chimérique », c'est-à-dire (dans le langage de *L'idéologie allemande*) « imaginaire » de l'essence de l'homme que dans la mesure où cette essence n'est précisément pas réalisée ici et maintenant (*cf.* Marx, « Introduction à la critique du droit politique hégélien », dans Marx, *Œuvres* III, *Philosophie*, « Bibliothèque de la Pléiade », Paris, Gallimard, p. 382-383). La modification, entre 43 et *L'idéologie allemande*, concerne le concept d'essence : à sa place, Marx parle maintenant des conditions réelles de l'accomplissement ou, au contraire, de la non-réalisation d'une vie ; ce n'est donc plus une essence non réalisée, mais une vie inaccomplie qui s'accompagne nécessairement d'une connaissance imaginaire.

des représentations qu'ils se font des choses et des fins qui sont les leurs, ce qui suppose qu'ils se figurent en même temps que ces représentations sont premières et déterminantes. Et si, en outre, ces individus vivent au sein d'une réalité sociale au sein de laquelle la division du travail est suffisamment avancée, au point qu'y règne la division entre le travail matériel et le travail intellectuel, entre la production des choses et la production des idées, alors ils se figureront d'autant plus aisément que le monde idéel des représentations est séparé de la vie matérielle, indépendant d'elle et qu'il est, par rapport à elle, en position première et déterminante : à partir du moment où règne cette division entre travail matériel et travail intellectuel, « la conscience *peut* vraiment s'imaginer qu'elle est autre chose que la conscience de la pratique existante, qu'elle représente réellement quelque chose sans représenter quelque chose de réel », bref « la conscience est en état de s'émanciper du monde et de passer à la formation de la théorie "pure", théologie, philosophie, morale, etc. » [1]. Or, pour Marx, cette division entre le travail matériel et le travail intellectuel représente une, si ce n'est pas *la* mutilation fondamentale de la vie humaine (au sens où, dans une forme accomplie de vie humaine, tout homme doit pouvoir se consacrer aussi bien à la production matérielle des choses qu'à la production intellectuelle des idées) : il est dès lors compréhensible que cette première et fondamentale mutilation de la vie humaine réelle s'exprime, dans l'élément de l'idéalité et du côté des formes de conscience, en donnant naissance au noyau de toutes les formes d'idéologies, à savoir la conception imaginaire de l'autonomie et du caractère déterminant des idées et des représentations par rapport à la vie réelle.

---

1. *Die deutsche Ideologie*, éd. cit., p. 17.

Et c'est bien parce qu'il s'agit là de l'illusion idéologique fondamentale et du noyau de toutes les illusions idéologiques, que Marx concentre ses attaques sur cette conception imaginaire de l'autonomie et de la priorité de la conscience, au point qu'il peut parfois donner l'impression de simplement renverser le rapport de détermination entre la vie réelle et les représentations de la conscience, semblant ainsi mettre lui-même en cause le « parallélisme » entre la vie réelle et ses expressions idéelles. Ainsi lorsqu'il écrit que « ce n'est pas la conscience qui détermine la vie, mais la vie qui détermine la conscience »[1]. Mais cette fameuse thèse ne doit pas être séparée de la proposition qui la précède immédiatement, dans laquelle Marx affirme que « ce sont les hommes qui, en développant leur production matérielle et leurs commerce (*Verkehr*) matériel, transforment, avec cette réalité qui leur est propre, également leur pensée et les produits de leur pensée »[2] : la transformation de la réalité humaine et la transformation de la pensée humaine sont deux processus strictement concomitants et se déroulant en parallèle, le second n'étant pas autre chose que le premier, mais la même chose exprimée idéellement ou dans l'élément de l'idéalité. Mais, quitte à dire les choses un peu approximativement, il vaut toujours mieux dire que c'est la vie qui détermine la conscience, ou que ce sont les transformations de la réalité humaine qui déterminent les transformations de la pensée humaine, plutôt que l'inverse : dire les choses ainsi possède en effet au moins le mérite de permettre de lutter directement contre la plus fondamentale des illusions, à savoir la conception imaginaire en vertu de laquelle la conscience et le développement des

---

1. *Die deutsche Ideologie*, éd. cit., p. 116.
2. *Ibid.*

idées sont premiers, autonomes par rapport à la vie réelle et déterminants eu égard à la transformation de la réalité humaine.

Une fois rendu compte des passages dans lesquels Marx met la vie réelle en position de déterminer la conscience et ses représentations, il est frappant de constater qu'il ne manque pas une occasion de confirmer et de rappeler sa thèse majeure en vertu de laquelle la vie réelle (ou matérielle, ou encore : pratique) et la vie intellectuelle (ou idéelle) sont deux éléments se déployant parallèlement l'un à l'autre, la seconde étant la même chose que la première, mais exprimée idéellement. Ainsi lorsqu'il écrit – autre passage fameux – que « l'existence de pensées révolutionnaires dans une époque déterminée présuppose l'existence d'une classe révolutionnaire » [1] : puisque la réalité et l'idéalité se déploient de façon concomitante, l'existence d'idées révolutionnaires dans l'élément idéel de la représentation signifie *nécessairement* l'existence d'une réalité ou d'une pratique révolutionnaire dans l'élément de la vie matérielle et sociale. De même pour la thèse, célèbre entre toutes, selon laquelle « les pensées de la classe dominantes sont, à chaque époque, les pensées dominantes » [2]. Qu'est-ce que cela peut vouloir dire d'autre que ceci : la domination matérielle d'une classe dans le monde social réel s'accompagne nécessairement et ne peut que nécessairement s'accompagner de la domination des idées de cette classe dans le monde idéel des représentations – et cela en vertu de ce qu'on peut bien appeler le parallélisme des deux mondes, réel et idéel. Ce que Marx formule d'ailleurs lui-même on ne peut plus clairement : « les pensées dominantes ne sont pas autre chose que l'expression idéelle (*der ideelle Ausdruck*) des rapports matériels dominants, elles sont ces

---

1. *Ibid.*, p. 41-42.
2. *Ibid.*, p. 40.

rapports matériels dominants saisis en tant que pensées » [1]. C'est le même rapport de domination qui s'exprime d'un côté comme domination sociale et matérielle dans la pratique, et d'un autre côté, mais en même temps, comme domination idéelle dans la théorie : raison pour laquelle « la classe qui est la puissance (*Macht*) *matérielle* dominante de la société est en même temps la puissance *spirituelle* dominante de cette société » [2].

LES DEUX SOURCES DES REPRÉSENTATIONS IMAGINAIRES

La question se pose alors une nouvelle fois de savoir comment Marx peut dire que les pensées dominantes sont imaginaires, inadéquates et donc qu'elles constituent une idéologie, alors qu'il explique en même temps que ces pensées ne sont pas autre chose que l'expression, dans l'idéalité, de la domination matérielle de la classe dont elles sont les pensées. Ce problème est inséparable de la thèse proprement marxienne selon laquelle les pensées de la classe dominante se présentent comme des pensées universelles, de sorte que, dans l'idéologie qui est la sienne, la classe socialement dominante présente nécessairement ses intérêts propres et particuliers comme étant les intérêts de la société entière, donc comme des intérêts universel c'est-à-dire communs à tous (*all-gemein*). La lecture de ses passages-là [3] de *L'idéologie allemande* donne souvent

1. *Die deutsche Ideologie*, éd. cit., p. 40.

2. *Ibid.*

3. Notamment *ibid.* p. 42 : « En effet, chaque nouvelle classe qui prend la place d'une autre qui était dominante avant elle, est contrainte – ne serait-ce déjà que pour parvenir à ses fins – de présenter son intérêt comme étant l'intérêt communautaire (*das gemeinschaftliche Interesse*) de tous les membres de la société, c'est-à-dire, exprimé idéellement : de donner à ses pensées la forme de l'universalité [*der Allgemeinheit* : la forme du commun à tous], de

l'impression que l'idéologie serait *sciemment* constituée et utilisée par la classe dominante dans le but de légitimer et d'imposer son pouvoir et sa domination : si tel est le cas, alors on ne peut plus comprendre l'idéologie comme l'ensemble des idées inadéquates et imaginaires dont s'accompagne nécessairement toute forme de vie humaine inaccomplie, bornée et mutilée. Mais on néglige alors le fait que le passage en question du texte de Marx commence par un rappel au sujet de la division du travail considérée comme « l'une des puissances majeures de l'histoire jusqu'à maintenant »[1], étant entendu que cette division n'est vraiment effective qu'à partir du moment où elle se manifeste comme division entre le travail matériel et le travail intellectuel (et comme supériorité du second par rapport au premier). Cette division, nous dit Marx, « se manifeste aussi dans la classe dominante », de sorte que, dans la classe dominante elle-même, il faut distinguer entre « les penseurs de cette classe » et ceux de ses membres qui sont « actifs » au sens où ils sont engagés dans le processus de la production réelle, ne serait-ce que pour le faire tourner à leur avantage[2]. Or les penseurs de la classe dominante sont, dans une société donnée, les individus les plus éloignés qui soient de la production matérielle : ils sont donc aussi les individus les plus portés à autonomiser la conscience théorique et ses représentations. Aucune idée ne sera plus autonome, donc plus abstraite, plus générale et plus universelle que les idées produites par les penseurs de la classe dominante.

Ce n'est donc pas que ces penseurs veuillent consciemment ou qu'ils aient volontairement le projet conscient de produire des idées générales présentant comme universel l'intérêt

les présenter comme les seules pensées raisonnables et universellement valables ».

1. *Ibid.*, p. 41.
2. *Ibid.*

particulier de leur propre classe : c'est qu'en vertu de leur
position sociale, de leur éloignement maximal à l'égard de
la production réelle, ils ne peuvent pas ne pas produire les
idées prétendant au maximum d'universalité. Parce que sa
position dominante suppose la division du travail, et plus
précisément la division du travail matériel et du travail
intellectuel, en conséquence, « pour exprimer les choses
idéellement », comme dit Marx, « cette classe *est contrainte*
de donner à ses pensées la forme de l'universalité » [1]. On
savait déjà que la domination sociale d'une classe s'exprime
nécessairement – « sur le plan des idées » – par la production
des idées dominantes : on sait maintenant que les idées
dominantes doivent nécessairement être des idées affectées
d'un haut degré de généralité et d'universalité, c'est-à-dire
qu'elles ne peuvent qu'être des idées très abstraites – et cela
parce que le lieu de leur production est un lieu très éloigné
de la production matérielle.

Il nous faut conclure de cela que l'idéologie est la chose
socialement la mieux partagée, tant par les dominés que par
les dominants, *mais pas pour les mêmes raisons*. Les dominés
pensent idéologiquement (ou produisent des idées imaginaires)
parce qu'ils vivent dans des conditions sociales qui ne leur
permettent pas de vivre une vie accomplie [2] : une vie réelle

---

1. *Die deutsche Ideologie*, éd. cit., p. 42. C'est nous qui soulignons.

2. C'est bien pourquoi Marx n'a pas pu maintenir l'idée qu'il semble
avoir caressée un moment, savoir l'idée que le prolétariat (en tant que « classe
qui n'a plus à faire prévaloir un intérêt de classe particulier contre la classe
dominante ») serait la seule classe dépourvue d'idéologie. On a pu dire
(*cf.* É. Balibar, *La philosophie de Marx, op. cit.*, p. 54) que Marx a abandonné
le concept d'idéologie au moment où il a renoncé à cette idée. Et cette idée
n'était certes pas soutenable : en effet, les conditions réelles de l'existence
du prolétariat – en tant qu'elles sont les conditions d'une vie actuellement
inaccomplie – font qu'il ne peut pas échapper à l'idéologie, c'est-à-dire à une
connaissance imaginaire de lui-même et de la réalité sociale ; raison pour

bornée, étriquée, mutilée s'accompagne nécessairement d'idées imaginaires et inadéquates. Quant aux dominants, ils pensent également idéologiquement, mais pour d'autres raisons. Satisfaits des conditions de leur vie réelle en ce qu'elles les autorisent à mener une vie accomplie de dominants, ils devraient produire des idées adéquates. Pourquoi n'est-ce pas le cas ? Parce qu'ils vivent séparés des tâches de la production matérielle, de sorte qu'ils sont spontanément portés non seulement à croire à l'existence autonome de la conscience et de ses représentations comme existence séparée et abstraite de la vie réelle, mais à produire des pensées elles-mêmes affectées d'un très haut degré de généralité et d'abstraction. L'idéologie témoigne dans les deux cas d'une connaissance inadéquate ou imaginaire, c'est-à-dire d'une *pensée impuissante* : chez les dominés, l'impuissance est celle d'une pensée ignorante des causes, c'est-à-dire une pensée qui accompagne nécessairement une vie réelle déterminée par autre chose qu'elle-même ; chez les dominants, l'impuissance est celle d'une pensée abstraite et générale qui ne permet aucune connaissance précise et déterminée, mais qui présente au moins pour les dominants l'avantage d'engendrer des concepts universels fort utiles à la perpétuation de leur situation dominante.

Tout dominants qu'ils soient, il y a bien une faiblesse des dominants, et cette faiblesse est d'abord celle de leur pensée en tant qu'elle est productrice de généralités et d'abstractions qui sont certes socialement utiles pour eux, mais qui sont

laquelle le prolétariat doit commencer par se révolutionner lui-même : « la révolution n'est donc pas seulement rendue nécessaire parce qu'elle est le seul moyen de renverser la classe *dominante*, elle l'est également parce que la classe *qui renverse l'autre* ne peut parvenir que dans une révolution à balayer toute la vieille saloperie qu'elle trimbale et à se rendre capable d'une nouvelle fondation de la société » (*Die deutsche Ideologie*, éd. cit., p. 28).

aussi spéculativement impuissantes à produire une connaissance adéquate de la réalité sociale. Par son entreprise d'une critique de l'économie politique, Marx n'a pas voulu faire autre chose – en soumettant à la critique la « science » même produite par la classe dominante – que précisément faire apparaître aux dominés la faiblesse des dominants dans la pensée, la faiblesse de la pensée des dominants, c'est-à-dire leur impuissance à comprendre par les causes la réalité économique et les rapports sociaux, lors même qu'ils en sont les bénéficiaires. Cet effort critique de Marx est bien le seul qu'il pouvait produire, si l'on admet que ni les dominants ni les dominés n'échappent à l'idéologie, et qu'il n'y a donc pas de position hors-idéologie qui serait celle de « la science » : Marx lui-même, s'il a bien eu l'ambition de produire un effort en vue de la connaissance (et donc, en ce sens, d'accomplir une tâche de nature scientifique), n'a pas prétendu occuper le point de vue de « la science » séparée de toute idéologie. Il a voulu produire le seul effort qu'il soit possible de produire dans un univers social saturé d'idéologie, à savoir un effort de connaissance et de compréhension des choses par leurs causes, consistant à chercher à atteindre les rapports essentiels sous les formes de l'apparaître – un effort auquel il a consacré une part essentielle de sa vie, l'autre part ayant été consacrée à organiser la pratique révolutionnaire du prolétariat, c'est-à-dire la seule pratique par laquelle celui-ci peut conquérir les conditions d'une activité par soi, qui est elle-même la condition de la production d'idées adéquates et, donc, d'une sortie de l'idéologie.

Nous parvenons donc à la thèse en vertu de laquelle Marx a forgé un concept d'idéologie lui permettant de rendre compte de la production des idéalités comme d'un processus accompagnant nécessairement et se déroulant parallèlement à la production matérielle des conditions de la vie réelle.

Lorsque cette vie est limitée, bornée dans son développement et ses possibilités d'épanouissement et de réalisation, alors elle s'accompagne nécessairement de pensées et de représentations tronquées et inadéquates ; lorsque cette vie est séparée, coupée des conditions matérielles de sa propre reproduction, alors elle s'accompagne nécessairement de pensées et de représentations abstraites et générales, c'est-à-dire également inadéquates.

Le concept marxien d'idéologie ne relève donc pas d'une problématique de l'illusion, et encore moins de la manipulation, mais d'une problématique de l'expression inadéquate et imaginaire du réel, qui engage elle-même une conception de la vérité. Que ce soit bien de la vérité qu'il s'agisse, un passage du chapitre du *Capital* sur le « fétichisme de la marchandise » nous le confirme : des catégories de l'économie bourgeoise, Marx dit que « ce sont des formes de pensée qui ont une validité sociale, et donc une objectivité, pour les rapports de production de ce mode de production social historiquement déterminé qu'est la production marchande » [1]. Ce sont donc des catégories vraies puisqu'elles ont une objectivité, et pourtant elles sont idéologiques. On se tromperait assurément en pesant que de telles catégories sont vraies et que seul l'usage qu'en font les économistes bourgeois est faux. Vraies et objectives, elles le sont bien dans la mesure où elles ne sont pas autre chose que l'expression, dans l'idéalité, du processus réel de la production marchande : ce processus les confirme à chaque instant, et elles le confirme dans l'idéalité. Mais elles restent des catégories idéologiques parce que ceux qui les forment ne produisent pas en même temps l'effort critique qui seul autorise à comprendre le rapport de nécessité entre un processus social réel et l'expression de ce même

1. LC1, p. 87.

processus dans l'idéalité. Ce qu'il s'agit de comprendre à chaque fois, c'est en vertu de quelles causes un processus réel ne peut pas *ne pas* apparaître idéellement dans telles représentations et telles formes de conscience.

Ainsi du fétichisme de la marchandise, à propos duquel Marx écrit : « les relations sociales qu'entretiennent leurs travaux privés *apparaissent aux producteurs pour ce qu'elles sont*, c'est-à-dire, non pas comme des rapports immédiatement sociaux entre les personnes dans leur travail même, mais au contraire comme rapports impersonnels entre des personnes et rapports sociaux entre des choses impersonnelles » [1]. Il est donc *nécessaire*, dans une production marchande qui répartit la production en une multiplicité de travaux privés effectués séparément les uns des autres (sans organisation consciente), que leurs rapports sociaux apparaissent aux producteurs sous la forme du rapport social d'échangeabilité qu'entretiennent les produits de leurs travaux en tant que marchandises : nous avons bien affaire ici à la genèse d'une représentation ou d'une forme de conscience (donc d'un élément idéel) à la fois nécessaire *et* inadéquate ou imaginaire – et ceci en tant que forme de conscience accompagnant nécessairement un processus social certes *réel*, en l'occurrence celui de la production marchande, *mais imparfait* et inaccompli en tant que forme sociale de vie ou en tant que type de rapports sociaux (dont la maîtrise échappe à leurs acteurs). Et l'on voit en même temps que la critique de cette représentation imaginaire ne se fait pas depuis le point de vue extérieur d'une supposée « science », mais à partir de la genèse de cette représentation, et donc à partir de la mise au jour et de la compréhension des causes qui ne peuvent pas ne pas produire cette représentation imaginaire. Il nous paraît que c'est bien

---

1. LC1, p. 85. C'est nous qui soulignons.

cette tâche que désignait le concept marxien d'idéologie :
celle de comprendre la genèse nécessaire des représentations
imaginaires, en tant que cette genèse dans l'idéalité accompagne
nécessairement le déploiement dans la réalité de processus
sociaux dont on peut dire qu'ils sont des « processus sociaux
manqués » [1] ou inaboutis, conduisant à des formes humaines
de vie mutilées et inaccomplies – et cela afin qu'une
transformation réelle de ces processus sociaux manqués
permette en même temps de s'émanciper des idéalités
imaginaires et ainsi de libérer la puissance de comprendre.

---

1. Selon une catégorie – celle de « *soziale Fehlentwicklungen* » – proposée
par Axel Honneth, « Pathologien des Sozialen. Tradition und Aktualität der
Sozialphilosophie », *in* A. Honneth, *Das Andere der Gerechtichkeit. Aufsätze
zur praktischen Philosophie*, Frankfurt a. M., Suhrkamp, 2000, p. 12.

CHAPITRE II

PHILOSOPHIE SOCIALE

Un des aspects majeurs de la transformation que Marx a imprimée à la philosophie est le déplacement qu'il a opéré du terrain de la politique à celui de la société ou du social en général : ce déplacement n'a pas le sens d'une négation de la politique, mais d'une critique de la politique dès lors qu'elle est hypostasiée aussi bien dans la théorie (sous la forme d'une philosophie politique ou d'une théorie politique prétendant à l'autonomie à l'égard de toute connaissance du social) que dans la pratique sous la forme d'institutions politiques, en particulier étatiques et juridiques, prétendant incarner l'universel au delà et au-dessus des conflits d'intérêts particuliers dont la société est le théâtre. La politique garde bien un sens pour Marx, mais à la condition d'être comprise comme un ensemble de pratiques, de discours (essentiellement normatifs) et d'institutions résultant du développement de la vie sociale, trouvant son sens et son fondement en elle. Ce changement de terrain, de la politique au social, ou plutôt ce déplacement de la politique elle-même sur le terrain du social [1]

---

1. C'est ce que Paulin Clochet nomme la « régression du politique au social » : Marx a d'abord procédé à cette « régression » en tant que « libéral » (de l'époque de sa thèse jusqu'aux articles de la *Gazette Rhénane*), mais c'est

s'est produit très tôt dans la pensée de Marx et on peut considérer qu'il est effectué dès le commentaire qu'il rédige en 1843 des paragraphes 261 et suivants de la section « État » des *Principes de la philosophie du droit* de Hegel, un texte non publié du vivant de Marx et connu sous le titre de *Manuscrit de Kreuznach* ou de *Critique du droit politique hégélien*.

Dans le commentaire qu'il fait du texte de Hegel, Marx déploie un propos qui consiste à mettre en œuvre une critique inspirée de la démarche de Feuerbach à l'endroit de la religion. Feuerbach expliquait que la conscience religieuse repose sur une inversion du sujet et du prédicat : pour la conscience religieuse, en effet, Dieu est le sujet réel dont les hommes ne sont que les prédicats. La critique de la religion repose sur l'idée que sont les hommes qui créent les dieux et non pas l'inverse, de sorte que le genre humain est le sujet réel dont Dieu est le prédicat : c'est le genre humain qui extériorise sa propre essence et l'objective en Dieu ou sous la forme de Dieu afin de prendre conscience en lui de cette essence. C'est cette modalité de la critique que Marx emprunte à Feuerbach, mais pour la transporter de la relation des hommes à leur(s) Dieu(x) à la relation de la société (et de la famille) à l'État.

Le § 262 des *Principes*, le premier qu'il commente, permet à Marx de prendre aussitôt Hegel en quelque sorte « sur le fait » et de montrer comment le rapport sujet-prédicat est conçu par lui : « L'Idée effective, écrivait Hegel, l'esprit qui se scinde lui-même en les deux sphères idéelles de son concept, la famille et la société civile, en tant que [elles sont] sa finité,

cette même « régression » qui l'a rapidement conduit, en 1843, à un « démocratisme » consistant à poser une « auto-institution politique du social » (qui n'est pas « l'institution politique du social » que d'autres interprètes, dont Miguel Abensour, ont attribuée à Marx – nous y reviendrons plus loin) : *cf.* P. Clochet, « Le libéralisme de Marx », *Actuel Marx* n°56, 2e semestre 2014, p. 115.

pour devenir, à partir de leur idéalité, esprit effectif, infini pour soi, répartit de ce fait entre ces sphères le matériau de cette effectivité finie qui est la sienne, [à savoir] les individus en tant que *multitude* (*Menge*), de telle sorte que cette répartition apparaît, à même l'individu singulier, *médiatisée* par les circonstances, l'arbitraire et le choix propre de sa destination »[1]. Marx n'a pas de mal à montrer que cette proposition de Hegel repose sur la mise en œuvre de ce qu'il appelle « une subjectivation de l'Idée (*eine Subjektivierung der Idee*) » : « l'Idée effective », c'est-à-dire l'État est compris comme un sujet agissant. C'est l'État qui se sépare lui-même et par lui-même dans les deux sphères que sont la famille et la société civile, et il le fait afin de répartir dans ces deux sphères son propre matériau fini pour ensuite se restaurer comme infini réel par l'idéalisation de ce matériaux fini : « ce qu'on est convenu d'appeler Idée réelle[2], commente Marx, est présentée comme si elle agissait selon un principe déterminé et en vue d'une intention déterminée »[3]. Marx pose alors que le « rapport réel » est celui en vertu duquel l'attribution du matériau de l'État tant à « l'individu singulier » qu'aux individus « en tant qu'ils sont la multitude » est médiatisée « par les circonstances, l'arbitraire et le propre choix de sa destination » par l'individu. C'est bien là le rapport réel, mais c'est ce rapport réel que « la spéculation énonce comme apparence (*als Erscheinung*), comme phénomène (*als Phänomen*) » : du point de vue de l'Idée en effet, ces circonstances, cet

1. Hegel, *Principes de la philosophie du droit*, avec les additions rédigées par Ed. Gans, trad. J.-F. Kervégan, Paris, P.U.F., 3ᵉ éd., 2013, § 262, p. 435.

2. C'est-à-dire l'Idée effective, selon le choix de traduction le plus courant aujourd'hui.

3. Marx, *Critique du droit politique hégélien*, trad. A. Baraquin, Paris, Éditions sociales, 1975, p. 38 ; Marx, Engels, *Werke*, Bd. 1, (noté MEW1), Berlin, Dietz Verlag, 1988, p. 205.

arbitraire, ce choix de la destination ne sont que le phénomène de la médiation réelle, la manière dont apparaît la seule médiation qui soit réelle selon Hegel, et qui est la médiation de l'Idée effective avec elle-même. Cette médiation se montre ou se manifeste comme arbitraire, comme ensemble de circonstances, comme choix subjectif à l'individu et à la multitude, mais en elle-même cette médiation n'est pas réellement cela : réellement, elle est la médiation de l'Idée effective, c'est-à-dire de l'État avec lui-même. C'est là qu'apparaît ce que Marx appelle « le mysticisme logique et panthéiste de Hegel », dans cette inversion qui lui a fait considérer comme simple apparence inessentielle ce qui est réel, et comme réel quelque chose qui est purement idéel : « si l'Idée est subjectivée (*versubjektiviert*), les sujets réels, société civile, famille, circonstances, arbitraire, etc. sont pris ici pour des moments *non réels*, voulant dire autre chose qu'eux-mêmes, c'est-à-dire des moments objectifs de l'Idée »[1]. Autrement dit, les « sujets réels » (individus singuliers, multitude des individus, circonstances, arbitraire) sont transformés en prédicats de la substance qu'est l'Idée réelle ou l'État, tandis que ce qui est prédicat selon Marx (à savoir ce qui est de l'ordre de la pensée, de l'idéalité) est transformé par Hegel en un sujet réel ou substantiel dont les circonstances, l'arbitraire, bref la vie sociale et les individus réellement existants (pris singulièrement ou en masse, comme « multitude », *als Menge*) qui la composent ne sont alors plus que les prédicats inessentiels et seulement apparents. L'Idée effective ou l'État devient ainsi un sujet agissant, alors que – selon le rapport réel que Marx entreprend de mettre au jour – « famille et société civile sont les présuppositions de l'État »

---

1. Marx, *Critique du droit politique hégélien*, trad. cit., p. 39 ; MEW1, p. 206.

et que « ce sont elles les instances agissantes à proprement
parler (*die eigentlich Tätigen*) » : mais, « dans la spéculation,
cela devient l'inverse » [1].

Il ne s'agit donc pas seulement pour Marx d'affirmer que
« famille et société civile sont des parties de l'État qui sont
réelles » [2] – et donc qu'elles ne sont pas de simples apparences
phénoménales d'un processus ou d'une médiation qui se
passe, comme il dit, « derrière le rideau » – mais de poser en
outre que « famille et société civile se font *elles-mêmes* État » :
leur réalité s'atteste au fait « qu'elles sont ce qui meut » (« *sie
sind das Treibende* »), leur réalité n'est nulle part ailleurs que
dans leur activité dont le résultat est qu'elles produisent l'État,
bien loin qu'elles soient produites par lui. On a donc affaire
chez Hegel à une inversion entre l'instance productrice et son
produit, entre le conditionnant et le conditionné : « l'État
politique ne peut pas être sans la base naturelle de la famille
et sans la base artificielle (*künstlich*) [3] de la société civile ;
elle sont pour lui une *conditio sine qua non* ; or la condition
est posée [par Hegel] comme le conditionné, le déterminant
est posé comme le déterminé, le produisant comme le produit
de son produit » [4]. Ce qui est déterminant selon Marx, c'est
le matériau empirique constitué de la famille (ou plutôt *des*
familles) et de la société civile, de sorte que « le fait réel est

1. *Ibid.* ; MEW1, p. 206.

2. *Ibid.*, p. 40 ; MEW1, p. 207.

3. L'artificialité attribuée ici par Marx à la société peut paraître surprenante
dans la mesure où une constante de la pensée de Marx est au contraire de
considérer la vie sociale comme naturelle : l'artificialité tient ici non pas à ce
que la société serait elle-même artificiellement créée (par contrat par exemple
– une conception artificialiste de la société que Marx récuse autant que Hegel),
mais sans doute à ce que la société engendre de nouveaux besoins qui viennent
s'ajouter aux besoins naturels, en même temps qu'elle engendre aussi de
nouveaux moyens de les satisfaire qui créent à leur tour de nouveaux besoins.

4. *Ibid.*, p. 40 (traduction modifiée) ; MEW1, p. 207.

que l'État procède de la multitude telle qu'elle existe comme membres des familles et membres de la société civile » [1]. Ce n'est donc pas la multitude qui est un « l'acte de l'Idée » (« *die Tat der Idee* »), mais, à l'inverse, c'est l'État qui est « l'idée de la multitude » (« *die Idee der Menge* »), c'est-à-dire une forme qui dérive de la vie réelle de la multitude et qui est produite par elle.

MARX DÉMOCRATE

C'est dans cette conception du rapport entre d'une part la société (et ses acteurs réels pris autant comme individus que comme masse ou multitude) et d'autre part l'État (comme ce qui est fait par la société et ses acteurs) que s'enracine le parti pris de Marx pour la démocratie, et plus exactement pour « la vraie démocratie » (« *die wahre Demokratie* ») [2] dans ce texte. Et c'est encore le modèle de la critique de la religion par Feuerbach qui est en quelque sorte recyclé ici par Marx. La référence est clairement assumée : « d'un certain point de vue, écrit Marx, la démocratie se rapporte à toutes les autres formes d'État comme le christianisme se rapporte à toutes les autres religions ; le christianisme est la religion κατ' εξοχην (par excellence), l'*essence de la religion* (…) : de même, la démocratie est l'essence de toute constitution d'État » [3]. De fait, si le christianisme est l'essence révélée de toute religion selon Feuerbach, c'est parce qu'il est la religion qui révèle le secret (ou l'énigme) de toute religion : à savoir que Dieu pour l'homme n'est pas autre chose que l'homme

1. Marx, *Critique du droit politique hégélien*, trad. cit., p. 40 (traduction modifiée) ; MEW1, p. 207.
2. *Ibid.*, p. 70 ; MEW1, p. 232.
3. *Ibid.*, p. 69 (trad. modifiée) ; MEW1, p. 231.

lui-même [1]. En prenant pour divinité un Dieu fait homme, le christianisme révèle la vérité anthropologique de toute religion, à savoir qu'en Dieu l'homme n'a pas d'autre objet que lui-même et sa propre essence. L'essence de toute religion, c'est « l'homme déifié » (« *der deifizierte Mensch* ») [2], c'est la déification de l'homme, de sorte que la vérité de toute religion est qu'en elle et par elle l'homme se fait lui-même Dieu. Le christianisme exprime donc la vérité et l'essence de *toute* religion, mais il le fait, comme dit Marx, « en tant que religion *particulière* » : si le christianisme dit bien que l'homme est un Dieu, il l'exprime cependant encore en tant que religion, et donc en disant que Dieu est un homme (ou que Dieu s'est fait homme).

De même donc, nous dit Marx, la démocratie révèle le secret de toute constitution étatique, elle est, dit-il, « l'énigme résolue (*das aufgelöste Rätsel*) de toutes les constitutions » [3] : de même que le christianisme exprime l'essence de toute religion, à savoir que le contenu de toute religion est « l'homme déifié », de même la démocratie exprime l'essence de toute constitution d'État, à savoir que le contenu de toute constitution d'État est « l'homme socialisé » (« *der sozialisierte Mensch* ») [4]. Mais, comme dans le cas du christianisme qui exprime encore

---

1. Feuerbach, *L'essence du christianisme*, trad. J.-P. Osier, Paris, Gallimard, 1992, p. 282 : « C'est donc dans le Christ que se réalise en premier l'ultime désir de la religion (…) – car, ce que ce Dieu est dans son *essence*, est devenu dans le Christ, phénomène. Dans cette mesure on peut à bon droit appeler la religion chrétienne la religion absolue, parfaite. Que Dieu, qui *en soi* n'est autre que l'essence de l'homme, soit aussi réalisé *en tant que tel*, qu'en tant qu'*homme* il soit objet de la *conscience*, tel est le but de la religion. Et ceci la religion chrétienne l'a atteint dans l'incarnation divine (…). »

2. Marx, *Critique du droit politique hégélien*, trad. cit., p. 69 ; MEW1, p. 231.

3. *Ibid.*, p. 68 ; MEW1, p. 231.

4. *Ibid.*, p. 69 ; MEW1, p. 231.

comme religion l'essence de toute religion, de même la démocratie exprime-t-elle cette vérité encore comme constitution politique et « comme une constitution d'État particulière ». Ce qui devient clair et manifeste avec la démocratie est au moins la chose suivante : de même que, en montrant que l'homme prend en Dieu sa propre essence déifiée pour objet, le christianisme révèle que « la religion ne créé par l'homme mais qu'au contraire l'homme crée la religion », de même, en montrant que l'homme prend dans la constitution étatique sa propre existence sociale pour objet, la démocratie révèle que « la constitution ne crée pas le peuple mais que c'est au contraire le peuple qui crée la constitution »[1]. La théorie politique hégélienne ou la philosophie hégélienne de l'État peut ainsi être retournée comme la théologie chrétienne l'a été par Feuerbach : de même que la théologie part de Dieu et fait de l'homme Dieu subjectivé, là où le christianisme comme religion[2] révèle au contraire que Dieu est l'homme

---

1. Marx, *Critique du droit politique hégélien*, trad. cit., p. 69 ; MEW1, p. 231.

2. La distinction entre la religion et la théologie est capitale chez Feuerbach : elle structure *L'essence du christianisme*, ouvrage composé de deux parties dont la première s'intitule « L'essence authentique, c'est-à-dire anthropologique de la religion » et la seconde « L'essence inauthentique, c'est-à-dire théologique, de la religion ». Ce qui veut dire que la théologie n'est pas autre chose pour Feuerbach que la dissimulation et le travestissement de l'essence anthropologique de la religion, c'est-à-dire d'une essence que la religion a elle-même rendue de plus en plus manifeste au cours de son histoire jusqu'à la révéler dans le christianisme. En d'autres termes, la religion possède bien en elle-même une essence ou un contenu vrai que l'anthropologie philosophique entreprend de révéler pleinement, là où la théologie n'a de cesse au contraire de les dissimuler : l'anthropologie philosophique s'appuie sur la religion à la fois pour en manifester la vérité et pour démasquer les illusions et les travestissements produits par la théologie. Voir sur ce point la préface de Feuerbach à la seconde édition (1843) de *L'essence du christianisme* (trad. cit., p. 105-113).

objectivé, de même « Hegel part de l'État et fait de l'homme l'État subjectivé », là où « la démocratie part de l'homme et fait de l'État l'homme objectivé » [1]. Ce qui ainsi devient manifeste avec la démocratie, c'est que « l'homme n'est pas là du fait de la loi, mais la loi du fait de l'homme ».

Dans les autres constitutions politiques, notamment dans la monarchie, c'est la constitution ou la loi qui crée « le peuple » : c'est du moins ainsi que Marx lit la Remarque du § 279 des *Principes* dans lequel Hegel écrit que « *le* peuple, pris *sans* son monarque (…) est la masse informe qui n'est plus aucun État » [2] : ce qui, selon Marx, signifie que c'est le monarque qui fait du peuple un peuple, c'est-à-dire autre chose qu'une simple « masse informe ». Le monarque et la constitution d'État apparaissent là comme les instances qui mettent en forme un contenu qui est fait de la vie du peuple ou de la vie sociale. Dans ce cas, « la propriété, le contrat, le mariage, la société civile apparaissent comme des manières d'être particulières à côté de l'État *politique*, comme le *contenu* auquel l'*État politique* se rapporte en tant que *forme organisatrice* » [3]. Au contraire, dans la démocratie, « le principe *formel* est en même temps le principe *matériel* » : cela signifie que la démocratie est la constitution politique qui résulte de la mise en forme par lui-même du principe matériel, c'est-à-dire de la mise en forme de son propre contenu par la vie sociale elle-même. Cela signifie notamment qu'avec la démocratie, il n'y a plus d'extériorité réciproque entre l'universel et le particulier : l'universel de la constitution

1. Marx, *Critique du droit politique hégélien*, trad. cit., p. 69 ; MEW1, p. 231.
2. Hegel, *Principes de la philosophie du droit*, § 279, Remarque, trad. cit., p. 476.
3. Marx, *Critique du droit politique hégélien*, trad. cit., p. 69 ; MEW1, p. 232.

étatique n'est plus l'instance qui met en forme de l'extérieur le contenu particulier de la vie sociale. Et si, dans la démocratie, ce sont les particularités ou les aspects particuliers de la vie sociale qui parviennent à se mettre en forme et à s'universaliser, alors il faut dire que la démocratie « est la première à être la vraie unité de l'universel et du particulier »[1].

Mais c'est alors que le concept de démocratie tel que Marx l'élabore devient le lieu sinon d'une contradiction, du moins d'une tension fondamentale[2]. D'un côté, Marx écrit que « la démocratie est contenu et forme »[3] ou encore qu'elle est « la vraie unité du particulier et de l'universel »[4] : il s'agit là pour Marx de dire que la démocratie est la forme *politique* (puisque la démocratie est elle-même encore une constitution d'État), et donc une forme universelle que le contenu (le peuple) parvient à se donner à lui-même par lui-même. Mais, pour que cette forme politique soit universelle, il faut que ce

1. Marx, *Critique du droit politique hégélien*, trad. cit., p. 69 ; MEW1, p. 231.

2. Sur ce point, on se reportera à l'étude fondamentale de Miguel Abensour, *La démocratie contre l'État. Marx et le moment machiavélien*, Paris, Éditions du Félin, 2004 ; voir aussi É. Balibar, G. Raulet (dir.), *Marx démocrate. Le Manuscrit de 1843*, Paris, P.U.F., 2001, en particulier la postface d'É. Balibar, p. 119-128. La lecture ou plutôt l'interprétation que propose M. Abensour explore une voie qui n'est pas celle que nous empruntons ici : il pose que le propre de la position de Marx dans ce texte est de tenter de cerner et de penser l'essence « du politique » à égale distance de l'État et de la société. Il me paraît que Marx ne tient pas cette égale distance entre les deux termes et que le balancier penche nettement du côté de la société : la démocratie est une forme politique dont le contenu n'est autre que la société elle-même ou la vie sociale (avec ses composants réels : la propriété, le contrat, le mariage, et donc la famille, mais aussi le système des besoins), c'est-à-dire ce que Marx appelle *der sozialisierte Mensch* (« l'homme socialisé »).

3. Marx, *Critique du droit politique hégélien*, trad. cit., p. 68 ; MEW1, p. 231.

4. *Ibid.*, p. 69 ; MEW1, p. 231.

soit *le tout* du contenu et donc le tout du peuple qui se la donne : d'où l'usage par Marx de l'expression *das ganze Demos*, souvent rendue par « le *démos* total »[1], mais qui pourrait être plus simplement traduite par « le *demos* entier ». C'est aussi ce qui permet à Marx de dire que « la démocratie est le genre de la constitution »[2] ou que « la démocratie est l'*essence de toute constitution politique* »[3] : cela signifie que la démocratie est « la politique », c'est-à-dire (au sens aristotélicien de la πολιτεια) la constitution politique par excellence parce qu'en elle et par elle, c'est le tout du peuple ou le peuple entier qui se donne à lui-même sa propre forme politique et, par là, se constitue ou, mieux, s'auto-constitue et s'auto-institue en *un* peuple, c'est-à-dire en un *peuple* qui soit un *tout*. C'est toute la différence avec les autres constitutions politiques, notamment la monarchie, y compris sous sa forme constitutionnelle hégélienne, dans lesquelles, au contraire, c'est toujours seulement une *partie* qui se donne pour le tout ou qui prétend *être* le tout, c'est-à-dire (si on donne un sens emphatique au verbe être) qui prétend aussi *faire être* ou *faire exister* le tout (d'où la thèse hégélienne selon laquelle, sans son monarque, le peuple n'est pas *un* peuple et donc une simple « *masse* informe », sans unité, sans principe d'organisation).

La démocratie est donc pour Marx l'essence réalisée de la politique parce qu'elle est l'auto-institution du *sujet* même de toute politique, à savoir « le peuple » (*Volk* ou *demos*). Le contenu de toute politique, c'est-à-dire de toute constitution politique se donnant par lui-même sa propre forme politique : tel est ce qu'accomplit la démocratie. D'où le centrage de

---

1. *Ibid.*, p. 68 ; MEW1, p. 230.
2. *Ibid.* ; MEW1, p. 230.
3. *Ibid.*, p. 69 ; MEW1, p. 231.

Marx, dans son commentaire critique de Hegel, sur les paragraphes des *Principes* consacrés au pouvoir législatif pour autant que c'est sous la forme de ce pouvoir-là que s'est jusqu'ici historiquement accompli (notamment durant la Révolution française[1]), sous une forme jusqu'ici inaboutie (puisque c'est sous la forme d'un pouvoir *particulier* encore non identifié au *tout*), l'acte d'auto-institution du sujet de toute politique, savoir le peuple. C'est ce qui fait que toute « démocratie » a été jusqu'ici seulement partielle, et donc *contradictoire* puisqu'il ne peut y avoir en réalité de « vraie démocratie » (« *wahre Demokratie* ») que rapportée au « peuple entier », et non pas seulement à une partie de celui-ci (à savoir les « représentants » du peuple).

LA DÉMOCRATIE : RÉALISATION OU DISSOLUTION DE LA POLITIQUE ?

Tant qu'on s'en tient là, la démocratie apparaît comme la constitution politique *universelle*, où « universel » traduit l'allemand « *allgemein* », un terme à prendre lui-même en son sens littéral : l'*all-gemein*, c'est ce qui est commun (*gemein*) à tous (*allen*)[2]. « Universelle », la démocratie l'est bien en ce sens là, puisqu'elle est ce par quoi « les tous » deviennent « un tout », et donc parce qu'elle est l'institution même du commun à tous en tant que tel, ou l'auto-institution

---

1. Voir ce qu'écrit Marx, *Critique du droit politique hégélien*, trad. cit., p. 104 : « le pouvoir législatif a fait la Révolution française (…), il a fait les grandes révolutions organiques universelles », là où « le pouvoir gouvernemental, en revanche, a fait les petites révolutions, les révolutions rétrogrades, les réactions » (MEW1, p. 260).

2. Voir É. Balibar, « *Zur Sache selbst*. Du commun et de l'universel dans la *Phénoménologie* de Hegel », dans É. Balibar, *Citoyen sujet et autres essais d'anthropologie philosophique*, Paris, P.U.F., 2011, p. 269.

de *tous* comme *un* (dimension d'unité ou d'unification en l'occurrence mieux exprimée par l'*uni*-versel français). Mais ce n'est là qu'un aspect de la chose. Car il est un autre aspect de la démocratie qui entre en tension, peut-être même en contradiction avec ce premier aspect.

En effet le peuple, concrètement, c'est la vie du peuple, c'est-à-dire la vie sociale du peuple, avec ses contenus particuliers énumérés par Marx : « la propriété, le contrat, le mariage, la société civile ». Bref, le contenu de la démocratie, c'est ce que Marx appelle « l'homme socialisé » (« *der sozialisierte Mensch* »), de même que « l'homme déifié » (« *der difizierte Mensch* ») est le contenu du christianisme. La démocratie, on l'a vu, révèle que l'homme socialisé est en réalité le contenu de *toute* constitution politique, de même que le christianisme révèle que l'homme déifié est le contenu de *toute* religion. Le paradoxe de la démocratie est de révéler l'essence (donc l'universel) de toute constitution *encore* sous la forme d'une constitution *particulière*, de même que le paradoxe du christianisme est de révéler l'essence (donc l'universel) de toute religion *encore* sous la forme d'une religion *particulière*. Mais cela veut dire qu'en son essence, le propre de la démocratie est de se porter au delà de *toute* constitution politique, de même que l'essence du christianisme est de se porter au delà de *toute* religion.

Nous avons donc, s'agissant de la démocratie, deux approches et même deux déterminations contradictoires : d'une part en effet la démocratie est dite être l'essence réalisée de toute constitution politique et en ce sens elle est la constitution politique par excellence, ou la constitution par excellence politique ; mais d'autre part, la démocratie est également ce qui, en révélant l'essence de toute constitution politique, se porte elle-même au delà de toute constitution politique, c'est-à-dire révèle sa propre essence comme étant non politique, tout comme le christianisme révèle sa propre essence comme n'étant en définitive déjà plus religieuse. D'un côté la démocratie est la politique même en tant qu'auto-institution du peuple comme peuple, de l'autre elle est l'auto-dissolution de la politique dans la vie du peuple, c'est-à-dire sans sa vie sociale. D'un côté la démocratie réalise la politique comme l'affaire commune à tous et donc comme *l'universel*, de l'autre la démocratie réduit la politique à n'être plus que l'un des aspects de la vie sociale, et donc à un aspect *particulier* de cette même vie. C'est ce que dit clairement Marx lorsqu'il pose que, chez Hegel, « la propriété, le contrat, le mariage, la société civile apparaissent (…) comme des manières d'êtres *particulières* à côté de l'État *politique*, comme le *contenu* auquel l'*État politique* se rapporte en tant que *forme organisatrice* (…) qui est en [elle]-même dénuée de contenu », tandis que, « dans la démocratie, l'État politique tel qu'il se pose à côté de ce contenu et s'en distingue, n'est lui-même qu'un contenu *particulier*, comme il n'est qu'une *forme d'existence* particulière du peuple » [1]. Ici, le fait que la démocratie ne soit précisément plus une forme de constitution extérieure au contenu, le limitant ou le contraignant du dehors, a pour conséquence qu'elle devient elle-même un contenu particulier *à côté* des autres contenus de la vie sociale du peuple.

Il y a bien une phrase dans laquelle Marx tente de tenir ensemble les deux aspects de la démocratie : « dans la démocratie, l'État en tant que particulier est *seulement* particulier, en tant qu'universel il est l'universel réel, c'est-à-dire qu'il n'est pas une déterminité dans la différence d'avec

---

1. Marx, *Critique du droit politique hégélien*, trad. cit., p. 69 ; MEW1, p. 232.

l'autre contenu »[1]. Mais ce n'est pas parce que Marx aligne ces deux déterminations de la démocratie dans une même phrase qu'elles tiennent pour autant ensemble et qu'elles deviennent compatibles ! Comment en effet dire *en même temps* que la démocratie est cette constitution d'État telle qu'elle ne subsiste plus que comme un contenu *particulier* de la vie sociale à côté des autres (c'est-à-dire qu'elle n'est plus cette forme universelle prétendant englober de l'extérieur les contenus particuliers de la vie sociale), *et* qu'elle est la constitution d'État *réellement universelle* parce qu'elle est l'auto-institution du « commun à tous » (*all-gemein*) comme tel ?

La solution marxienne de cette difficulté, ou plutôt la voie que Marx indique comme étant celle sur laquelle l'aporie pourrait être levée, est précisée dans la phrase qui suit celle que nous venons de citer : « les Français de l'époque moderne ont compris cela au sens où, dans la vraie démocratie, *l'État politique disparaîtrait* (*untergehe*) ». Encore faut-il d'abord corriger la traduction : dit comme cela, on pourrait croire que la tournure « les Français de l'époque moderne » désigne les révolutionnaires français. En réalité Marx utilise l'expression « *die neueren Franzosen* », c'est-à-dire les français *actuels*, donc ceux qui écrivent au même moment que lui, c'est-à-dire ses contemporains : il s'agit des socialistes français des années 1840, et non des révolutionnaires de 1793[2]. La résolution de la tension entre la démocratie comme l'uni-versel politique

1. *Ibid.*, p. 70 ; MEW1, p. 232.

2. É. Balibar (*Citoyen sujet, op. cit.*, note 2 p. 257) note que parmi ces socialistes français contemporains de Marx et auxquels il pense au moment où il écrit, il y a en particulier le saint-simonien Victor Considérant, auteur d'un *Manifeste pour la démocratie au XIXᵉ siècle*, publié précisément en 1843, l'année même où Marx rédige le texte que nous sommes en train de lire.

par excellence et la démocratie comme contenu politique particulier parmi les autres contenus de la vie sociale, résiderait donc dans un processus de disparition progressive de l'État. Le verbe *untergehen* exprime d'ailleurs plus exactement ce processus comme celui d'un déclin de l'État : mais en quoi un tel déclin de l'État peut-il être la solution de la tension entre les deux côtés de la démocratie ? Au fond, tout se passe comme si la démocratie en tant qu'auto-institution du sujet même de la politique, à savoir « le peuple entier », devait avoir progressivement pour conséquence que la politique s'identifie à la vie même du peuple, c'est-à-dire à sa vie sociale. Et donc que, la démocratie n'étant pas une forme extérieure au contenu de la vie réelle du peuple (mais cette vie même comme vie d'*un* peuple), elle devienne un aspect parmi les autres ou une composante parmi les autres de cette même existence du peuple. La démocratie peut alors se débarrasser progressivement de la peau politique et constitutionnelle qu'elle avait d'abord endossée, pour finir par s'identifier aux activités et aux pratiques par lesquelles les individus « font peuple », c'est-à-dire s'unissent, s'associent les uns aux autres et organisent leur vie collective.

Quand elle apparaît comme l'universel politique, la démocratie apparaît donc d'abord ou dans un premier temps comme une constitution encore politique, c'est-à-dire aussi comme une forme politique qui vient s'ajouter au contenu de la vie du peuple, une forme politique que Marx peut dire « abstraite » dans la mesure même où elle est extérieure au contenu qu'elle unifie : ce contenu est alors comme unifié par la forme politique qui fait de la vie du peuple la vie d'*un* peuple, c'est-à-dire du « *demos* entier ». Dans la forme politique, le lieu de cette unification et de cette universalisation est le pouvoir législatif, et c'est pourquoi l'enjeu politique majeur et décisif aussi longtemps qu'on est encore dans la

forme politique de la démocratie, est l'élargissement à tous
de la participation au pouvoir législatif, c'est-à-dire
l'universalisation du droit de participer au pouvoir législatif.
Aussi Marx peut-il écrire que « c'est seulement dans le droit
de vote aussi bien que dans l'éligibilité *sans limitations* que
la société civile s'est *réellement* élevée à l'abstraction d'elle-
même, à l'existence *politique* comme à sa vraie existence
universelle et essentielle » [1]. La société civile (qui est, ne
l'oublions pas, l'élément moteur et agissant) s'universalise
donc dans la forme démocratique de l'élargissement maximal
du droit d'élire et d'être élu : mais cette universalisation
d'elle-même en laquelle la société civile se réalise et s'accomplit
est en même temps sa propre politisation et cette politisation
lui est en réalité un processus *immanent*, c'est-à-dire un
processus qui supprime lui-même la forme politique abstraite
et séparée qu'il prend tout d'abord. C'est pourquoi Marx peut
écrire que « l'accomplissement de cette abstraction est en
même temps l'abrogation (*Aufhebung*) de cette abstraction » :
la politisation de la société civile dont est porteuse l'exigence
démocratique de la participation de *tous* les membres de la
société civile à l'exercice du pouvoir législatif a pour
conséquence que la politique, la constitution politique cesse
d'être une forme et une abstraction extérieures à la société
civile.

C'est pourquoi, selon Marx, « en posant de manière réelle
son existence *politique* comme son existence *vraie*, la société
civile a en même temps posé comme *inessentielle* son existence
de société civile dans sa différence d'avec son existence
politique » [2]. C'est là le sens du déclin de la politique au sens

1. Marx, *Critique du droit politique hégélien*, trad. cit., p. 185 ; MEW1,
p. 326-327.

2. *Ibid.* ; MEW1, p. 327.

du déclin de la constitution politique comme forme, y compris quand elle est démocratique : l'exigence démocratique porte la politique comme forme et comme constitution d'État au delà d'elle-même, la démocratie se porte elle-même au delà de la politique comme forme ou abstraction, c'est-à-dire au delà de l'État, et la démocratie fait retour par delà l'État au sol réel de la société civile comme au seul et unique lieu possible de sa réalisation. C'est pourquoi quelque chose comme « la *réforme électorale* », quand elle est démocratique, c'est-à-dire quand elle veut l'élargissement à tous du droit d'élire et d'être élu, est selon Marx, « à l'intérieur de l'*État politique abstrait* l'exigence (*die Forderung*) de sa *dissolution* (*Auflösung*), mais tout autant de la *dissolution de la société civile* » [1] : cela signifie que la réforme électorale démocratique, celle qui veut le suffrage *universel*, implique en réalité la suppression de la séparation de l'État politique et de la société civile, c'est-à-dire qu'elle implique que la société civile devienne elle-même politique, ou – cela revient au même – que la politique s'identifie à la société civile elle-même. En fait, ce qui prend la forme de l'exigence de la participation de tous au pouvoir législatif, ça n'est rien d'autre que « l'aspiration (*das Streben*) de la *société civile* à se transformer en la société politique ou [l'aspiration] de la société *politique* à se faire société *réelle* » [2] : c'est l'aspiration à ce que « la société civile soit la société politique réelle » [3].

La démocratie nomme, selon Marx, cette réalisation de la politique dans la société civile, c'est-à-dire cette réalisation de la politique dans le social. C'est pourquoi il me paraît problématique de parler, avec Miguel Abensour, d'une

---

1. Marx, *Critique du droit politique hégélien*, (traduction modifiée) ; MEW1, p. 327.

2. *Ibid.*, p. 182 (traduction modifiée) ; MEW1, p. 324.

3. *Ibid.*, p. 183 ; MEW1, p. 325.

« institution démocratique (c'est-à-dire politique) du social »[1] chez Marx : c'est bien plutôt le social lui-même qui s'institue comme démocratique. Parler d'une institution politique du social maintient l'extériorité de la politique au social, extériorité dont Marx pense que la démocratie en constitue précisément l'abolition : on m'objectera que si c'est la démocratie qui abolit la séparation de la politique et du social, cela implique que cette abolition soit politique puisque c'est la démocratie qui l'effectue. Sauf que la démocratie désigne elle-même la vérité et la réalisation *sociales* de la politique.

RÉVOLUTION ET DÉMOCRATIE : LA QUESTION DU « SUJET »

Il serait fastidieux de relever toutes les occurrences témoignant de ce que Marx a constamment maintenu cette conception de la centralité de la société ou du social et de la secondarité de la politique. Citons quand même un passage de *La Sainte Famille* : « De nos jours, seule la superstition politique se figure encore que la vie civile doit être maintenue par l'État, tandis que, dans la réalité, c'est l'inverse : l'État est maintenu par la vie civile »[2] ; ou encore ce passage de *L'idéologie allemande* : « Il apparaît déjà ici que cette société civile est le véritable foyer et la véritable scène de toute histoire et à quel point est absurde (*widersinnig*) la conception de l'histoire qui a prévalu jusqu'ici et qui négligeait les rapports réels en se bornant aux actions les plus bruyantes et les plus

---

1. M. Abensour, *La démocratie contre l'État. Marx et le moment machiavélien*, Paris, P.U.F., 1997, notamment p. 109 : « la démocratie se conçoit et se pratique comme une institution continuée du social ».
2. Marx, « La Sainte Famille », dans Marx, *Philosophie*, Paris, Folio-Gallimard, 1994, p. 267.

visibles de l'État »[1]. Et c'est bien au sein de cette société civile que se forme ce que Marx nomme, dans *L'idéologie allemande*, « la classe faisant la révolution » (*die revolutionirende Klasse*) qui « n'entre pas en scène en tant que classe mais comme représentante de l'ensemble de la société, [qui] apparaît comme l'ensemble de la masse de la société face à l'unique classe dominante »[2]. Ce passage où il est question de « l'ensemble de la masse de la société » (*die ganze Masse der Gesellschaft*) témoigne d'un aspect qui occupe Marx depuis le manuscrit de 1843 : à savoir l'identification de l'acteur ou du « sujet » de la révolution, c'est-à-dire en définitive du sujet de la démocratie ou, pour le dire autrement encore, du sujet du processus à la fois de la réalisation sociale de la politique et de la politisation de la société.

Si Marx a été tenté, au moment notamment de l'*Introduction à la critique du droit politique hégélien*, d'identifier ce sujet au prolétariat conçu comme une classe certes très spécifique[3]

---

1. K. Marx, F. Engels, J. Weydemeyer, *Die deutsche Ideologie*, éd. cit., p. 23.

2. *Ibid.*, p. 43.

3. Puisqu'il s'agit « d'une classe de la société civile qui n'est pas une classe de la société civile, d'un ordre (*Stand*) qui est la dissolution de tous les ordres, d'une sphère qui possède un caractère universel en raison de ses souffrances universelles, et qui ne revendique aucun *droit particulier* parce qu'on lui fait subir non pas un *tort particulier*, mais le *tort absolu* » (Marx, *Œuvres* III, *Philosophie*, « Bibliothèque de la Pléiade », Paris, Gallimard, 1982, (noté *O* III), p. 396 ; MEW1, p. 390). Les *Gloses critiques en marge de l'article « Le roi de Prusse et la réforme sociale par un Prussien »* (1844) ne disent pas autre chose lorsque Marx y explique que « la *communauté* (*Gemeinwesen*) dont le travailleur est *isolé* est une communauté d'une tout autre réalité et d'une tout autre ampleur que la communauté *politique* » puisque ce dont il est séparé ou isolé, c'est de « la *nature humaine* » (*das menschliche Wesen* : l'essence humaine) en tant qu'elle est « la *véritable communauté* des hommes » (*O* III, p. 416 ; MEW1, p. 408). Ce qui revient à dire que les travailleurs n'agissent pas en tant que classe sociale particulière mais en tant

mais quand même encore comme une classe, cela ne paraît plus être le cas au moment de *L'idéologie allemande* : le sujet de la révolution n'apparaît plus comme une classe sociale particulière, mais comme le « représentant de l'ensemble de la société » ou du « tout de la société » (*Vertreter der ganzen Gesellschaft*) [1]. En d'autres termes, cela signifie que le sujet de la révolution n'est plus dans la même situation que celle des anciennes classes révolutionnaires : ces dernières, dès lors qu'elles voulaient renverser la classe dominante, devaient « présenter leur intérêt comme l'intérêt communautaire (*das gemeinschaftliche Interresse*) de tous les membres de la société », étant sous-entendu qu'elles devaient présenter leur intérêt propre et particulier *comme s'il* était commun à toute la société *alors que ce n'était pas le cas*. Elles devaient « donner à leurs pensées la forme de l'universalité, les présenter comme les seules pensées raisonnables et universellement valables », alors que ce n'était pas le cas : l'intérêt et les pensées que ces classes présentaient comme universels et susceptibles d'être partagés par tous étaient *en réalité* seulement l'intérêt et les pensées propre à ces classes. Mais indépendamment même de toute idée d'un intérêt commun illusoire, voire d'une « duperie » (*Täuschung*) effectivement orchestrée par des idéologues, il reste que même les classes antérieurement révolutionnaires dans l'histoire (à commencer par la bourgeoisie) ont réellement pu à un moment identifier leur intérêt propre à celui de l'ensemble de la société, ou que l'intérêt de la société a réellement été à un moment identique

que représentants d'intérêts simplement humains : ce qu'ils veulent établir, ce sont les bases sociales d'une véritable communauté humaine, de sorte que leur intérêt n'est pas seulement le leur en tant que classe sociale, mais l'intérêt commun à tout homme en tant qu'homme, l'intérêt commun à tous (*all-gemein*) et, en ce sens, en effet, un intérêt *universel*.

1. *Die deutsche Ideologie*, éd. cit., p. 43.

à leur intérêt propre : mais cela n'a jamais pu durer très longtemps et les autres classes ont à chaque fois fini par s'apercevoir à plus ou moins brève échéance qu'elles s'étaient associées à une classe porteuse de son intérêt de nouvelle classe dominante et non de l'intérêt commun ou universel.

Pourquoi en irait-il différemment du nouveau sujet de la révolution ? Marx indique bien quelques raisons qui font que la nouvelle classe révolutionnaire (qui n'est plus une classe) ne trompe plus personne et n'a plus personne à tromper en présentant ces intérêts comme des intérêt communs et universels, ou que les intérêts qu'elle présente comme universels le sont effectivement. Il y a par exemple l'idée selon laquelle « chaque classe nouvelle ne parvient à établir sa domination que sur une base plus large que celle de la classe dominante jusque là, raison pour laquelle ensuite l'opposition de la classe non dominante et de la classe maintenant dominante se développe ensuite de façon d'autant plus aigue et profonde »[1] : en d'autres termes, la base dominée étant chaque fois plus large que dans la forme précédente de domination, cela signifie que la classe dominée est de plus en plus le représentant réel de l'ensemble de la société, ou que l'intérêt de la classe dominée s'élargit de plus en plus à l'intérêt de l'ensemble de la société. Une autre raison, liée à la précédente, serait que la société moderne sous domination de la bourgeoisie engendre une « masse » de dominés et d'exclus de toute sorte dans des proportions inconnues et inédites jusqu'ici, de sorte que cette masse plus importante et abondante que jamais peut désormais s'identifier réellement à la société entière. Ces raisons existent, elles ont leur importance et leur valeur, mais elles ne se situent sans doute pas au niveau fondamental.

---

1. *Die deutsche Ideologie*, éd. cit., p. 43.

On atteint ce niveau ou ce plan fondamental dès lors qu'on rétablit le lien entre la question de l'acteur ou du sujet de la révolution et celle de la démocratie. Si l'on pose que le sujet de la révolution est aussi et en même temps le sujet de la « vraie démocratie », c'est-à-dire le sujet qui porte l'exigence que la société devienne dans son ensemble le lieu de la libre association des individus, on comprend que ce sujet à la fois de la révolution et de la démocratie (qu'on l'appelle « le démos » ou « la masse ») n'est en et par lui-même porteur d'aucune forme de domination nouvelle, mais au contraire de l'émancipation à l'égard de toutes les formes de la domination : il ne s'agit plus de porter aucune classe (pas même, ou plutôt : surtout pas le prolétariat) au rôle de (nouvelle) classe dominante [1], mais au contraire de briser les ressors sociaux de toute domination possible et de l'ascension à la domination d'une classe quelconque, quelle qu'elle soit.

En tant que porteur de la démocratie vraie ou réelle, le sujet de la révolution n'est plus porteur d'aucune forme de « communauté illusoire » (*illusorische Gemeinschaft*) [2] ou de « substitut de communauté » (*Surrogat der Gemeinschaft*) [3], pas même celle de la classe : il est l'acteur de la « communauté réelle » (*wirkliche Gemeinschaft*), c'est-à-dire de la communauté au sein de laquelle « les individus accèdent à

1. On objectera peut-être que cela est contredit par ce que Marx dira dans la *Critique du programme de Gotha* de la « dictature révolutionnaire du prolétariat » : j'y reviendrai ici même dans la Conclusion, mais j'indique aussitôt que cette « dictature » désigne non pas la prise de possession de l'appareil d'État par le prolétariat mais, inversement, la *destruction* de cet appareil en tant que forme ou organe extérieur à la société. Il s'agit donc du moment politique insurrectionnel au cours duquel est instaurée une démocratie directe en même temps que le pouvoir est rendu à la société elle-même afin qu'elle l'exerce partout directement sur elle-même.

2. *Die deutsche Ideologie*, éd. cit., p. 74.

3. *Ibid.*, p. 73.

leur liberté dans et par leur association » [1]. Cette communauté
réelle s'étend réellement et non pas illusoirement à l'ensemble
de la société ou au tout de la société : elle s'identifie à une
société entièrement constituée d'individus librement associés,
réalisant leur liberté dans et par leur participation à l'association
elle-même, libres donc à proportion de la part active que
chacun prend à l'organisation sociale.

Surmonter l'opposition du particulier et de l'universel

La question est de savoir comment, de quelle manière et
sous quelles formes le paradigme de la philosophie de l'acte
ou de l'activité, auquel nous avons consacré notre premier
chapitre, inclut la dimension *sociale* de cette activité. En
d'autres termes : comment, chez Marx, le point de vue d'une
philosophie de l'activité se conjoint-il à celui d'une philosophie
sociale ? Rappelons que le paradigme de la philosophie de
l'activité n'était pas une invention de Marx : c'est un paradigme
qu'il reprend à August von Cieszkowski et à Moses Hess.
Cieszkowski avait voulu ajouter une philosophie de l'agir au
hégélianisme qu'il considérait comme une philosophie
essentiellement contemplative. Plus radicalement, le propos
de Hess était de transformer (et pas seulement de compléter)
la philosophie, c'est-à-dire le hégélianisme puisque ce dernier
en est la forme la plus aboutie, la plus accomplie au moment
où Hess pense et écrit. Il s'agissait pour lui de transformer la
philosophie hégélienne de l'esprit en une *Philosophie der
Tat* [2] : « il est désormais du devoir de la philosophie de l'esprit,

---

1. *Die deutsche Ideologie*, éd. cit., p. 74.
2. L'expression de « *Philosophie der Tat* » devrait être traduite par
« philosophie de l'acte », afin de distinguer entre elle et une « philosophie de

écrivait Hess, de devenir philosophie de l'action ; non seulement la pensée, mais la totalité de l'activité humaine doivent être élevées jusqu'à ce point où disparaissent toutes les oppositions » [1]. La philosophie de l'esprit transformée par Hess en philosophie de l'acte se présente comme une philosophie du Moi, mais d'un Moi compris (héritage de Fichte) comme sujet agissant plutôt que comme sujet de la réflexion : le point de départ, c'est le Moi prenant conscience de ce qu'il n'est rien de substantiel, mais pure activité et seulement un acte, l'acte même de se poser comme Moi [2].

De cette philosophie de l'acte se présentant comme une philosophie du Moi, on pourrait penser *a priori* qu'elle doit nécessairement ignorer la dimension sociale ou collective de l'activité : il n'en est rien. La perspective dans laquelle se plaçait Hess était d'emblée celle du dépassement de deux abstractions symétriques : d'une part celle de l'universel abstrait qui règne sur le particulier, c'est-à-dire qui oppresse les individus ; et d'autre part « l'individuel abstrait », c'est-

---

l'action » (« *Philosophie der Handlung* », une tournure qu'on ne trouve pas chez Hess). « *Philosophie der Tat* » possède une portée ontologique que ne possède pas « *Philosophie der Handlung* », d'autant que, dans le contexte post-kantien et post-hégélien qui est celui de Hess, le terme de *Handlung* (action) désigne l'action morale et relève d'une théorie de l'action morale dont Hess voudrait que le point de vue subjectif ou individuel soit précisément englobé par la « philosophie de l'acte » telle qu'il la comprend. Les traductions que nous citons ne font généralement pas cette distinction.

1. M. Hess, « Philosophie de l'action », dans G. Bensussan, *Moses Hess. La philosophie, le socialisme (1836-1845)*, Hildesheim, Zürich, New York, Georg Olms Verlag, 2004, p. 187.

2. M. Hess, « Philosophie de l'action », *op. cit.*, p. 173-174 : « Je sais que je pense, que je suis spirituellement actif ou, puisqu'il n'y a pas d'autre activité, que je suis *actif* et non pas que je *suis*. Ce n'est pas l'*être* mais l'*action* qui est le commencement et la fin. (…) Le « je pense » s'est donc désigné à nous comme l'*action* (…) et le Je, pour cette raison précise, n'est pas un être, ni pensant ni pensé, mais l'effectuation d'un acte ».

à-dire le particulier qui réprime l'universel et veut se réaliser aux dépens de l'unité. Pour Hess la sortie de la féodalité et l'entrée dans la modernité bourgeoise a le sens d'un passage de la première abstraction à la seconde : la féodalité et l'Ancien Régime ont été le règne de « l'universel en opposition à la réalité, [de l'universel] comme abstrait – Dieu, prêtre, Pape, Église, État, monarque, etc. » [1]. Quant à la modernité bourgeoise, elle apparaît comme étant le règne inverse de l'individuel ou du particulier séparé de l'universel, et même *opposé* à l'universel, c'est-à-dire au Tout ou au collectif. « Tandis que là [c'est-à-dire dans la féodalité] l'universel abstrait règne sur le particulier dans la forme de l'*Un* et opprime les individus, ici [c'est-à-dire dans la modernité] l'individuel abstrait règne sur l'universel dans la forme du *Multiple* et opprime l'unité : la concurrence des individus prend la place de la hiérarchie et des corporations, des individus enchaînés » [2]. Cela n'atteste qu'une seule chose aux yeux de Hess, à savoir que « l'individu véritable – l'esprit conscient de soi, l'homme libre, l'universel réel – n'est pas encore constitué » [3].

L'individuel est tel qu'il n'a pas encore reconnu l'universel comme étant sa propre essence, et l'universel est tel qu'il n'a pas encore reconnu l'individuel ou le particulier comme étant sa propre réalité. Selon Hess, la réalisation de cette unité du particulier et de l'universel, de l'individuel et du genre exige une transformation sociale aussi radicale et profonde que celle par laquelle on est passé de la féodalité à la modernité. D'où la critique acerbe à laquelle Hess soumet Stirner dans son texte intitulé *Les derniers philosophes* : contre Stirner, il s'agit

---

1. M. Hess, « Philosophie de l'action », *op. cit.*, p. 183.
2. *Ibid.*, p. 184.
3. *Ibid.*, p. 183.

pour Hess d'affirmer que l'universel ou le genre ne peut pas être présent comme tel dans l'individu qui en prend conscience, et donc que l'unité vraie du genre et de l'individu ne peut pas être elle-même individuelle, que l'unité vraie du particulier et de l'universel ne peut elle-même qu'être universelle, c'est-à-dire sociale.

Prétendre comme Stirner que l'unité du genre peut être immédiatement présente dans l'individu, c'est en rester au stade présent du « monde social animal », c'est-à-dire à un stade social en soi contradictoire dans lequel les individus s'accomplissent aux dépens les uns des autres. Ce qu'il s'agit de faire, c'est de passer au stade du « monde social humain », c'est-à-dire à une situation dans laquelle le genre, l'universel est réel comme tel dans la société elle-même, et non plus dans des individus isolés les uns des autres, affrontés les uns aux autres – car, écrit Hess, « l'homme générique n'est réel que dans une société dans laquelle tous les hommes peuvent se former, se réaliser, se manifester » [1]. On aperçoit là comment la philosophie de l'acte ou de l'activité de Hess entend surmonter le dualisme du particulier et de l'universel. L'esprit individuel ou particulier agissant est le surmontement en acte du dualisme et de l'opposition du particulier et de l'universel, de l'individuel et du social. « Quant à nous, écrit Hess, nous voulons l'*être pour d'autres, l'être-les-uns-pour-les-autres* des hommes, l'individu actif, *créateur* ». La question est de savoir comment l'individu actif et créateur peut donner en même temps l'être-les-uns-pour-les-autres.

La raison en est que, pour Hess, des hommes qui sont, comme il dit, « des êtres *créateurs* et *aimants* » sont aussi et en même temps ce qu'il nomme « des hommes en train de

---

1. M. Hess, « Les derniers philosophes », *op. cit.*, p. 203.

s'effectuer » [1] ; or, des hommes ne peuvent pas être engagés isolément dans un processus d'effectuation de soi. L'effectuation dont parle Hess doit bien, selon lui, signifier pour les individus l'effectuation de leur Soi ou de leur individualité, mais ce ne peut pas être une effectuation isolée de leur individualité dans la mesure où une telle effectuation isolée de soi supprime les conditions même de toute effectuation. Une effectuation isolée est un processus qui conduit à des individus prêts à s'accomplir et se réaliser aux dépens les uns des autres, c'est-à-dire à des individus qui s'empêchent mutuellement et qui se suppriment réciproquement les conditions de toute réalisation d'eux-mêmes. C'est pourquoi il n'y a selon Hess d'effectuation d'eux-mêmes des individus agissants et créateurs que mutuelle, collective et donc sociale.

On comprend alors que Hess puisse écrire que, selon lui, « un socialiste avancerait l'exigence que nous devons devenir des *êtres génériques réels*, par où il revendiquerait une société dans laquelle chacun puisse développer, manifester ou réaliser ses propriétés humaines » [2]. La pensée de l'individu agissant est ainsi chez Hess la pensée de l'individu s'effectuant et se réalisant, et elle est en même temps la pensée de « l'homme social » [3], c'est-à-dire de l'individu pour lequel sa propre essence humaine générique ne se trouve pas dans son Moi abstrait, et pas davantage dans l'abstraction du droit, de la politique et de l'État (« le socialisme, écrit Hess, laisse l'État de côté parce qu'il se tient sur un tout autre terrain » [4]), mais l'individu pour lequel son essence humaine générique se trouve dans la réalité de la vie sociale, dans la réalité concrète

---

1. M. Hess, « Les derniers philosophes », *op. cit.*, p. 213.
2. *Ibid.*, p. 214.
3. *Ibid.*, p. 203.
4. *Ibid.*, p. 212.

de l'être-les-uns-pour-les-autres, c'est-à-dire dans la réalité des rapports sociaux qui lient les individus les uns aux autres.

On sait quelle profonde influence ces idées de Hess ont exercé sur Marx, dans les *Manuscrits de 1844* certes, mais au-delà aussi : en témoigne par exemple ce passage fameux de sa sixième des *Thèses sur Feuerbach* où Marx écrit que « l'essence humaine n'est pas quelque chose d'abstrait qui réside dans l'individu unique » mais que, « dans sa réalité effective, c'est l'ensemble des rapports sociaux » (Thèse 6) [1]. C'est là une quasi citation de Hess qui écrivait quant à lui que « l'essence de l'homme n'est pas dans l'homme singulier qui la connaît », et que « l'homme générique n'est réel que dans une société dans laquelle tous les hommes peuvent se former, se réaliser, se manifester » [2].

Ce à quoi Marx se rattache ainsi, c'est bien à une philosophie de l'activité sociale générique comprise comme devant permettre de surmonter ce que Hess appelait « la contradiction entre l'individu et le genre » [3]. Et les deux philosophes partagent également l'idée qu'il n'est pas possible de surmonter cette contradiction sans une rupture historique réelle qui fasse de la société le lieu même de la réalisation et de l'effectuation du genre. Si l'essence humaine ou le genre humain est demeuré jusqu'ici une abstraction située soit dans la pensée des individus, soit dans l'éther du droit et de la politique, c'est parce qu'aucune société n'a jusqu'à maintenant effectivement réalisé cette essence, ce qui veut dire qu'il n'y a pas eu à proprement parler jusqu'ici de *société humaine* digne de ce nom : le social comme lieu d'effectuation et de réalisation

---

1. Marx, « Thèses sur Feuerbach », dans P. Macherey, *Marx 1845. Les « Thèses » sur Feuerbach*, Paris, Éditions Amsterdam, 2008, p. 15 ; Marx, Engels, *Werke*, Bd. 3, Berlin, Dietz Verlag, 1990, p. 6.

2. M. Hess, « Les derniers philosophes », *op. cit.*, p. 203.

3. *Ibid.*, p. 202.

des individus, le social comme lieu relationnel de déploiement d'une activité humaine de réalisation de soi – le social ainsi compris est à venir, il n'existe pas encore.

Vers le « monde humain social »

A quoi on est évidemment tenté d'objecter qu'il a existé jusqu'ici une multitude de sociétés humaines et qu'il est donc apparemment absurde de prétendre que le social n'existe pas encore. Hess répondrait que ce qui a existé jusqu'ici, c'est le « monde animal social », mais aucun « monde humain social », où, par « monde animal social », il faut comprendre des formes d'organisations sociales reposant sur le divorce et la séparation du particulier et de l'universel, c'est-à-dire concrètement sur l'idée que la réalisation de l'individu ne peut se faire que contre le Tout, ou inversement que le Tout ne peut s'accomplir qu'en dominant les individus. Autrement dit, du fait même de cette séparation du particulier et de l'universel, Hess dirait que les formes de vie sociale ayant existé jusqu'ici sont des formes contradictoires, et donc nécessairement conflictuelles et instables qui, en raison même de cette instabilité et de cette conflictualité, ne pouvaient permettre aux individus aucune forme de réalisation d'eux-mêmes : cette forme contradictoire des organisations sociales ayant existé jusqu'ici apparaît clairement lorsque Hess emprunte à Stirner son concept d'« association d'égoïstes », mais pour dire contre Stirner qu'une association de ce type ne peut en aucun cas constituer un objectif à atteindre pour la simple raison que « toute notre histoire passée n'a rien été d'autre que l'histoire d'associations égoïstes »[1]. Le concept d'association d'égoïstes est

---

1. M. Hess, « Les derniers philosophes », *op. cit.*, p. 214.

contradictoire en lui-même, il est le concept d'une association tendant à se détruire elle-même en permanence, mais tout le paradoxe est qu'au fond il n'a existé jusqu'ici que des associations de cette sorte, que des associations contradictoires constamment menacées d'autodestruction du fait même de la conflictualité qui les habite. Et c'est en raison même de cette conflictualité constante, de cette menace permanente d'autodestruction que les sociétés humaines n'ont pu être jusqu'ici le lieu d'aucune réalisation de l'essence humaine générique, c'est-à-dire non plus d'aucune réalisation de soi des individus.

On trouve une idée très proche de cela chez Marx, en l'occurrence dans *L'idéologie allemande*, à l'occasion d'un remarquable développement consacré à la division du travail. A ce moment du texte, Marx en est à l'étude des composantes du développement historique de la socialité humaine en tant que socialité naturelle. « La production de la vie, aussi bien de la sienne dans le travail que de celle de l'autre dans la procréation apparaît déjà et aussitôt comme un double rapport, d'un côté comme un rapport naturel et de l'autre comme un rapport social – social au sens où l'on entend par là l'action combinée (*das Zusammenwirken*) de plusieurs individus » (p. 14)[1]. Il faut comprendre que Marx considère ici les hommes en tant qu'ils sont confrontés à la nécessité d'assurer leur propre survie, ce qu'il appelle la nécessité pour eux de « produire leur vie », c'est-à-dire de produire de quoi satisfaire leurs besoin et de se reproduire eux-mêmes. Cette double contrainte est strictement naturelle, mais elle s'impose immédiatement comme étant tout autant sociale au sens où les hommes ne peuvent répondre à aucun des deux aspects

---

1. Les pages que nous indiquons entre parenthèses renvoient à K. Marx, F. Engels, J. Weydemeyer, *Die deutsche Ideologie*, éd. cit.

de cette contrainte (produire et se reproduire) sans entrer en
rapport les uns avec les autres. C'est ce qui fait que toute
manière déterminée de produire et de se reproduire
s'accompagnera toujours d'un certain type de rapports entre
les hommes, ou, comme dit Marx, qu'« un mode déterminé
de production ou un stade industriel est toujours uni à un
mode déterminé de l'agir combiné ou à un stade social »
(p. 15). Il faut donc bien garder à l'esprit que tous les stades
sociaux dont il peut être question dans le processus historique
ainsi considéré comme succession de différentes manières de
produire et comme développement des capacités de produire
– que ces stades sociaux, donc, sont des formes elles-mêmes
absolument naturelles : ainsi, c'est tout à fait naturellement
que se forme en chacun « la conscience de la nécessité d'entrer
en relation avec les individus qui l'entourent » (p. 16), ce qui
marque pour l'homme « le début de la conscience du fait qu'il
vit dans une société » (*ibid.*). Mais Marx insiste ici sur le fait
que la conscience n'est rien d'autre que le substitut humain
de l'instinct, et que cette conscience n'est elle-même pas autre
chose qu'une « conscience de meute » ou de « horde »
(*Heerdenbewusstsein*), une « conscience grégaire »
(*Hammelbewusstsein*) ou encore « une conscience tribale »
(*Stammbewusstsein*). Autrement dit, il s'agit là très exactement
du développement de ce que Hess appelait « le monde animal
social », à quoi Marx fait d'ailleurs lui-même allusion ici
même, en disant que « la vie sociale » dont il parle est
« *thierisch* », c'est-à-dire animale ou bestiale (p. 17).

   C'est dans ce contexte là, celui d'une approche naturelle
voire naturaliste de la socialité humaine, qu'apparaît la
référence à la division du travail. Et là encore Marx insiste
sur le fait qu'il s'agit d'un phénomène parfaitement naturel
puisque la division du travail, selon lui, « n'était à l'origine
rien d'autre que la division du travail dans l'acte sexuel »

(p. 17), avant de devenir ensuite une répartition des tâches de production « selon les dispositions naturelles (par exemple la force corporelle), selon les besoins, selon les hasards » (*ibid.*). Marx parle ici explicitement de la division du travail comme de quelque chose qui, comme il dit, « se fait de soi-même ou spontanément (*naturwüchsig*) », c'est-à-dire sans aucune intervention qui viendrait l'orienter, voire l'organiser. La même nécessité inconsciente qui a conduit les hommes à prendre conscience d'eux-mêmes comme d'animaux sociaux est aussi celle qui préside à la division des tâches et des travaux, ce qui rend parfaitement inutile d'introduire à aucun moment une quelconque volonté de construire et d'entretenir des rapports sociaux, ni aucune volonté d'organiser la répartition sociale des travaux. Tout se développe ici « de soi-même », les étapes s'enchaînant les unes aux autres avec une nécessité rigoureuse. Et c'est ce développement nécessaire, « spontané » au sens où il se produit sans la moindre intervention externe, qui conduit la division du travail jusqu'à la division fondamentale entre « travail matériel » et « travail intellectuel », entre travail de la matière et travail de l'esprit (Marx parle de « *geistige Arbeit* »).

L'apparition de la division entre travail matériel et travail intellectuel est pour Marx un moment clé en ce qu'il révèle ou manifeste, selon lui, des traits essentiels et caractéristiques de la socialité naturelle dont il a tenté de retracer le développement nécessaire. C'est en effet seulement à compter de cette division entre travail matériel et travail intellectuel que la socialité naturelle laisse apparaître ses deux caractéristiques essentielles qui sont d'ailleurs inséparables l'une de l'autre : la *conflictualité* et la *domination*.

La conflictualité d'abord parce que, comme le dit Marx, « avec la division du travail la possibilité, ou plutôt la réalité est donnée de ce que l'activité intellectuelle et matérielle, la jouissance et le travail, la production et la consommation échoient à des individus différents, de sorte que la possibilité qu'ils n'entrent pas en contradiction repose uniquement dans le fait que la division du travail soit supprimée » (p. 18). Cela signifie que, dans le cadre de la division du travail qui est *naturwüchsig*, laissée à son développement naturel et spontané, il est inévitable et donc nécessaire qu'entrent en contradiction, c'est-à-dire en conflit des groupes sociaux caractérisés par la place, le rôle et la fonction qui sont les leurs du fait de la division du travail.

Et si tel est le cas, c'est pour autant que la répartition des rôles dans et par la division sociale spontanée du travail est toujours en même temps une répartition entre rôles dominants et rôles dominés : « avec la division du travail, écrit Marx, dans laquelle toutes ces contradictions sont données, est en même temps et également donnée la répartition, et en l'occurrence la répartition *inégale*, tant quantitative que qualitative, du travail et de ses produits, et donc la propriété qui a déjà son premier germe et sa première forme dans la famille où la femme et les enfants sont les esclaves de l'homme » (p. 19). La division spontanée du travail, c'est-à-dire la division du travail laissée à elle-même et à son développement nécessaire est donc toujours en même temps un processus accouchant tout aussi nécessairement de formes de domination sociale et de la conflictualité sociale entre dominés et dominants. La division du travail est toujours en même temps une répartition entre des tâches nobles et des tâches qui ne le sont pas : c'est donc elle aussi qui préside à l'instauration de la domination de ceux auxquels échoient les tâches nobles et pures sur ceux auxquels reviennent les tâches matérielles et impures, ce qui à son tour décide de la répartition inégale des produits du travail social et des conditions de la production, donc de la propriété, entre groupes dominants et groupes dominés. L'exemple que Marx donne de la division du travail à l'intérieur de la famille aboutissant à la position dominante de l'homme et à la soumission de la femme est tout à fait remarquable : que la famille soit bien le lieu d'une division du travail qui engendre la répartition inégale des produits du travail et donc de la propriété, cela est notamment attesté par le fait, qu'en France, une femme a eu besoin jusqu'en 1965 d'une autorisation de son mari pour acquérir une propriété et exercer une profession...

DU SOCIAL SPONTANÉ AU SOCIAL ORGANISÉ

Tout ceci étant rappelé, il est clair que pour Marx, au moment où il écrit, cette histoire naturelle de la socialité, comme histoire de la conflictualité et de la domination sociales, n'est pas terminée – et il est tout aussi clair qu'il s'agit précisément selon Marx de parvenir à interrompre cette histoire là, c'est-à-dire de passer, pour le dire dans les termes de Hess, du « monde social animal » au « monde social humain ». S'agissant de cette perspective, une citation que j'ai donnée précédemment montre de quelle manière Marx s'y projette : il explique que la possibilité que n'entrent pas en contradiction ceux auxquels échoient l'activité intellectuelle, la jouissance et la consommation avec ceux auxquels échoient l'activité matérielle, le travail et la production, que la disparition de la séparation et du conflit ou de la lutte entre dominants et dominés « repose dans le fait que la division du travail soit de nouveau supprimée » (p. 18). Tout le problème est de comprendre en quoi pourrait bien consister une telle suppression de la division du travail.

Pour cela, il est nécessaire de prendre en considération quelques déterminations supplémentaires de la division spontanée du travail, je veux dire des déterminations qui viennent s'ajouter aux dimensions de *conflictualité* et de *domination* que nous venons d'examiner. Marx ajoute en effet encore ceci que, « avec la division du travail est donnée en même temps la contradiction entre l'intérêt de l'individu particulier ou de la famille particulière et l'intérêt commun à tous les individus qui sont en commerce les uns avec les autres » (p. 19-20). Où l'on retrouve le divorce du particulier et de l'universel déjà rencontré chez Hess, mais sous la forme précise que Marx lui donne ici et qui est la suivante : l'intérêt commun « n'existe pas ici, ajoute Marx, dans la représentation, comme "l'universel", mais il existe d'abord dans la réalité en tant que dépendance réciproque des individus entre lesquels le travail est divisé » (p. 20). La séparation de l'universel d'avec le particulier prend donc dans la division spontanée du travail la forme concrète d'un universel *subi* par les individus sous la forme de l'état de *dépendance* où ils se trouvent les uns à l'égard des autres. Ce qui conduit à la dernière caractéristique de la division spontanée et naturelle du travail que donne Marx : à savoir que « la division du travail nous offre le premier exemple de ce que, aussi longtemps que les hommes se trouvent dans la société naturelle (*in der naturwüchsigen Gesellschaft*), aussi longtemps qu'existe la séparation entre l'intérêt particulier et l'intérêt commun, aussi longtemps donc que l'activité n'est pas divisée volontairement (*freiwillig*) mais naturellement (*naturwüchsig*), l'acte propre de l'homme lui devient une puissance étrangère qui se tient face à lui et qui se le soumet au lieu que ce soit lui qui la domine » (p. 20).

Le lien entre ces deux dernières déterminations de la division naturelle ou spontanée du travail me semble s'établir de la façon suivante : dans cette division naturelle et spontanée du travail, les individus subissent le social sous la forme de leur dépendance réciproque. Cette dépendance subie les place dans un état de fondamentale passivité : ce qui conduit à la dernière idée selon laquelle c'est ici l'activité même des hommes, leur acte propre comme acte de produire et d'échanger qui devient l'acte d'une puissance étrangère qui les domine. Quelle est et quelle peut être cette puissance étrangère sinon le social-naturel lui-même, c'est-à-dire la « société naturelle » elle-même comprise comme l'instance extérieure qui préside par elle-même et de façon nécessaire à la division du travail ? Ainsi donc, dans la société naturelle, leur activité propre apparaît aux hommes comme l'activité d'autre chose qu'eux-mêmes, en l'occurrence comme l'œuvre implacable d'une instance aussi bien sociale que naturelle qui passe par eux et qui se les soumet. Cela semble vouloir dire que la société naturelle possède une puissance d'assignation qui attribue d'elle-même aux individus un rôle et une place dans une division sociale du travail elle-même naturelle, de telle sorte que les individus ne font l'expérience d'aucune maîtrise, mais au contraire l'expérience d'une privation de contrôle tant sur leur activité propre que sur leur interaction, tant sur leur « *eigene Tat* » que sur leur « *Zusammenwirken* ». La manifestation de cette puissance d'assignation que le social naturel ou la société naturelle possède sur les individus se trouve dans le fait suivant : « dès que le travail commence à être réparti, chacun a un cercle déterminé et exclusif d'activité qui lui est assigné et dont il ne peut s'extraire ; il est chasseur, pêcheur ou pasteur ou critique critique et il doit le rester s'il ne veut pas perdre les moyens de vivre » (p. 20).

A partir de là, on peut reposer, avec plus de chances d'y pouvoir répondre, la question de savoir ce que peut bien vouloir dire pour Marx « supprimer la division du travail ». Faut-il penser en effet que dans la société qui ne sera plus naturelle et que Marx appelle ici « communiste », il n'y aura plus ni répartition ni division du travail ? Bien sûr qu'il subsistera une division du travail, mais la forme devrait en être tout à fait différente. Au niveau des individus, cette différence consiste en ce qu'un individu n'est plus assigné à une seule tâche, mais peut en exercer plusieurs successivement, ou bien, comme dit Marx : « la société règle la production générale et justement par là rend possible pour moi que je fasse aujourd'hui ceci et demain cela » (p. 20). Deux choses apparaissent immédiatement : d'une part, l'individu n'est plus assigné à une seule activité, et d'autre part « la société » n'est plus ici une puissance qui lui est étrangère, voire hostile, au contraire elle lui permet d'être actif d'une manière qui l'autorise à envisager une forme de réalisation ou d'accomplissement de lui-même dans un régime d'activité à la fois multiforme et plastique qui corresponde aux désirs de l'individu : il est question en effet que chacun puisse « se former dans chacune des branches qui lui plaît » et que je puisse déployer mes activités « *wie ich gerade Lust habe* », « comme j'en ai justement envie ». Il est donc question d'une organisation sociale qui laisse aux individus le contrôle de leurs activités, qui les laisse choisir leurs activités, au lieu de leur en imposer une seule sous une forme à la fois contrainte et exclusive.

Il est donc question d'une situation dans laquelle les individus obtiennent sur leurs activités propres un contrôle et une maîtrise qui sont tels qu'il n'est justement plus besoin d'aucune instance extérieure exerçant ce contrôle et cette maîtrise de façon contraignante. L'accès des individus à des activités qu'ils puissent considérer comme étant vraiment les leurs a donc très exactement le sens d'une conquête et d'une appropriation de la dimension sociale de ces mêmes activités : quand Marx parle d'une « société qui règle la production générale » et qui par là permet à chacun de déployer une activité qui puisse être pour lui une activité d'autoréalisation, il est clair que cette « société » ne figure plus rien qui soit encore extérieur aux individus eux-mêmes, et donc que cette société n'est plus la « société naturelle » laissée à son développement à la fois nécessaire et spontané. C'est pourquoi, lorsque Marx définit la « puissance sociale » comme « la puissance de production décuplée qui résulte de l'agir ensemble (*das zusammenwirken*) des différents individus tel que cet interagir est déterminé dans la division du travail » (p. 21), il fait bien la différence entre cette puissance sociale telle qu'elle apparaît aussi longtemps que « l'agir ensemble lui-même n'est pas volontaire (*freiwillig*) mais naturel (*naturwüchsig*) », et cette même puissance sociale lorsqu'elle est pour les individus eux-mêmes « leur puissance propre et unie (*ihr eigne, vereinte Macht*) » (*ibid.*). Où l'on voit clairement que la division du travail ne disparaît pas, justement parce qu'elle est l'instrument même de la « puissance sociale » dans la mesure où elle décuple la puissance de production dans et par l'agir ensemble des individus : simplement (si l'on peut dire), en réglant volontairement leur propre agir ensemble et donc aussi la répartition des travaux, les individus parviennent à saisir cette puissance sociale comme étant en réalité leur propre puissance et non plus comme une puissance étrangère.

Leur activité *propre* est identiquement activité *sociale* et il ne peut plus se produire, comme dit Marx, « cette fixation de l'activité sociale, cette consolidation de notre propre produit en un pouvoir objectif sur nous, qui échappe à notre contrôle, qui contrecarre nos espérances et réduit nos attentes à néant » (*ibid.*) : une telle fixation ou consolidation ne peut plus se produire dès lors que l'activité sociale n'est plus autre chose que l'activité même des individus, dès lors qu'elle est l'agir ensemble sur lesquels les individus exercent un contrôle non pas externe, mais parfaitement immanent puisque cet agir est l'expression même de leur propre vouloir – et l'agir ensemble peut bien être voulu en effet par les individus dès lors qu'il est vu et expérimenté par eux comme un processus d'accomplissement et de réalisation d'eux-mêmes, et non plus comme un agir ensemble forcé ou contraint.

L'INDIVIDU ABSTRAIT,
L'INDIVIDU PERSONNEL, L'INDIVIDU TOTAL

Les processus que Marx décrit dans *L'idéologie allemande* comme typiques de la société bourgeoise sont des processus de « transformation de puissances personnelles, de rapports personnels en puissances et rapports objectifs » (p. 73) : c'est l'instauration de rapports qui sont extérieurs aux individus. De tels rapports sont pour les individus à chaque fois des rapports de subsomption, c'est-à-dire des rapports par lesquels ils se trouvent subsumés sous une instance sociale extérieure à eux, impersonnelle et anonyme : c'est « la subsomption des individus sous des classes déterminées » (p. 73) ou bien « la subsomption des individus singuliers sous la division du travail » (p. 72). Et c'est en vertu de subsomptions de ce genre que l'individu cesse d'être un « individu personnel » (*persönliches Individuum*) pour devenir un « individu de classe » (*Klassenindividuum*)[1]. Cette distinction signifie l'opposition entre l'individu en tant qu'il est déterminé à partir de lui-même et l'individu en tant qu'il est déterminé à partir d'une instance extérieure à lui sous laquelle il est subsumé. Marx écrit ainsi que, « au cours du développement historique et précisément du fait de l'autonomisation inévitable des rapports sociaux à l'intérieur de la division du travail, il se

---

1. *Die deutsche Ideologie*, éd. cit., p. 75.

produit une différence entre la vie de chaque individu pour autant que cette vie est personnelle, et cette même vie de l'individu dans la mesure où elle est subsumée sous une branche du travail et sous les conditions qui relèvent de cette branche » (p. 74). Marx précise ensuite qu'il ne s'agit pas de dire que « le rentier, le capitaliste cessent d'être des personnes », mais que « leur personnalité est déterminée et conditionnée par des rapports de classe tout à fait déterminés » (p. 74). L'extériorité de ces rapports relativement aux individus a pour conséquence que ces mêmes rapports prennent pour eux deux caractéristiques qui peuvent paraître contradictoires. D'une part, ces rapports leur apparaissent comme *contingents* : le rôle qu'un individu joue au sein de la division spontanée du travail lui apparaît comme tout à fait contingent ; il se trouve qu'il y possède telle fonction, mais il aurait tout aussi bien pu y posséder une autre fonction, y jouer un autre rôle. De même pour l'appartenance de classe, directement liée à la division du travail : l'individu se trouve appartenir à telle classe d'une manière qui lui semble être tout à fait contingente. Mais, d'autre part, ces rapports leur apparaissent aussi comme *nécessaires*, au sens d'une nécessité qui s'impose aux individus à la manière d'un destin auquel ils ne peuvent échapper, ou de liens qu'ils ne peuvent dénouer et qui s'imposent à eux de façon implacable : « les individus sont totalement subsumés sous la division du travail et ils sont placés par là dans la plus complète dépendance les uns des autres » (p. 87).

Ces deux détermination de la contingence et de la nécessité sont rassemblées par Marx de la façon suivante : « chez les prolétaires, la condition de vie qui leur est propre, le travail, et avec elle l'ensemble des conditions d'existence de la société actuelle leur sont devenus quelque chose de contingent sur quoi les prolétaires individuels n'ont pas de contrôle et sur quoi aucune organisation *sociale* ne peut leur donner un contrôle » (p. 76). On voit que c'est le caractère de l'extériorité qui rend compatible la contingence et la nécessité : c'est justement parce que les prolétaires sont confrontés à des conditions d'existence qui échappent totalement à leur contrôle, qui leur sont tout à fait extérieures et s'imposent donc à eux comme des conditions nécessaires (pas de prise, pas de contrôle, donc pas de choix), que ces mêmes conditions leur apparaissent comme totalement arbitraires et contingentes. En vertu de ces conditions, ils sont les individus de la division du travail, les individus de leur classe, au sens où ils sont les individus tels qu'engendrés par la division du travail ou par leur classe, c'est-à-dire par des conditions qui leur demeurent parfaitement extérieures : ils sont ce que Marx appelle des « individus abstraits » (p. 89), engendrés par ces conditions qui leur échappent et qui s'imposent à eux.

Mais, du coup, ils sont aussi ceux qui peuvent éprouver la contradiction entre cette individualité abstraite et leur personnalité, cette individualité personnelle qui est aussi par ailleurs la leur : « la contradiction entre la personnalité du prolétaire individuel et sa condition de vie en tant qu'elle lui est imposée, le travail, lui apparaît à lui-même » (p. 76). L'enjeu, pour les prolétaires, est donc d'engendrer les conditions qui leur permettraient de sortir de cette contradiction, c'est-à-dire les conditions qui pourraient leur permettre d'affirmer leur personnalité, leur individualité personnelle – conditions qui sont à engendrer et à conquérir *contre* les conditions actuelles en tant qu'elles ne leur laissent que l'individualité abstraite et impersonnelle, celle d'individus interchangeables au sein de la division du travail ou au sein d'une classe. « Afin, écrit Marx, d'être mis en valeur à titre personnel (*um persönlich zur Geltung zu kommen*), les prolétaires doivent (*müssen*) supprimer leur propre condition d'existence jusqu'ici, et qui a été en même temps celle de l'ensemble de la société jusqu'ici, savoir le travail » (p. 77).

Il est clair que l'expression « supprimer le travail » (*die Arbeit aufheben*) est un raccourcis pour nommer en réalité la suppression de la division du travail, et, plus exactement encore, la suppression de la division du travail telle qu'elle a prévalu jusqu'ici, à savoir sous la forme d'un processus naturel et spontanée (*naturwüchsig*), laissé à son développement spontané et donc non organisé et non maîtrisé. Que ce soit bien de cela qu'il s'agisse apparaît clairement dans un autre passage de *L'idéologie allemande* : « la transformation des puissances (rapports) personnelles en puissances objectives (*sachlich*) par la division du travail ne peut pas être à nouveau supprimée par le fait de s'en extirper de la tête la représentation générale, mais par le fait que les individus subsument de nouveau sous eux ces puissances objectives et suppriment la division du travail » (p. 73). À partir de là, on voit se nouer les liens entre, d'une part, la suppression d'un processus spontané et incontrôlé comme la division du travail et, d'autre part, l'affirmation de la personnalité individuelle et l'instauration de la communauté réelle.

Marx pose que le fait pour les prolétaires de se subsumer les puissances jusqu'ici objectives (c'est-à-dire extérieures et nécessaires), telle la division du travail (avec ce qu'elle implique, on l'a vu, en matière de domination), c'est-à-dire le fait de « supprimer la division du travail » – que cela donc « n'est pas possible sans la communauté (*die Gemeinschaft*) » (p. 73). Pour comprendre ce rapport entre la communauté et la suppression de la division du travail, il faut se rappeler que, plus loin dans le texte, Marx explique que la volonté des prolétaires de se mettre en valeur à titre personnel ou de mettre leur personnalité en valeur (*personlich zur Geltung zu kommen*) a pour conséquence de les placer « en opposition directe avec la forme dans laquelle les individus de la société se sont donnés jusqu'ici une expression d'ensemble (*Gesammtausdruck*), [c'est-à-dire] avec l'État », de sorte que les prolétaires « doivent (*müssen*) renverser l'État afin d'imposer leur personnalité » (p. 77).

COMMUNAUTÉ APPARENTE ET SUCCÉDANÉ DE COMMUNAUTÉ : L'ÉTAT

Un lien s'établit donc ici entre suppression de la division du travail, affirmation de la personnalité et destruction de l'État : mais sur quoi repose ce lien ? Il repose sur la thèse en vertu de laquelle l'État est non seulement la forme illusoire de la communauté, mais la forme de substitution ou de compensation de la communauté. L'État est la forme illusoire de communauté imposée par la classe socialement dominante qui utilise l'État pour faire valoir comme universels, c'est-à-dire comme communs à tous (*all-gemein*) les intérêts qui ne sont que les siens : en ce sens, l'État est une « communauté apparente » (*eine scheinbare Gemeinschaft*, p. 73) puisque la communauté qu'il prétend représenter n'est pas réelle et qu'il ne peut y avoir de communauté réelle entre des groupes sociaux auxquels la division du travail donne des rôles opposés (un rôle dominant pour les uns, dominé pour les autres), faisant des uns des possédants et des autres des non possédants.

Mais l'État n'est pas qu'une communauté apparente (et donc non réelle), il est aussi « *ein Surrogat der Gemeinschaft* » (p. 73), c'est-à-dire « un succédané de communauté », et donc une communauté à la fois de substitution et de compensation, comme la chicorée est un succédané du café : c'est ce qui permet de comprendre que les dominés et les non possédants puissent « adhérer » à l'État alors même qu'il ne peut rien être d'autre pour eux qu'une communauté apparente dans la mesure où l'État n'est une communauté réelle ou réellement une communauté que pour les possédants et les dominants. Si les dominés (c'est-à-dire ceux au détriment ou aux dépens desquels s'accomplit le processus spontané de la division du travail et, en conséquence, le processus de lotissement de la propriété et de la non propriété[1]) adhèrent à l'État, voire participent à son fonctionnement, c'est dans la mesure où il est pour eux le substitut compensatoire de la communauté réelle qu'ils n'ont pas.

Mais cette communauté apparente et ce succédané de communauté qu'est l'État ne permet aux dominés aucune affirmation de leur individualité personnelle : il ne permet aux dominés qu'une existence d'individus abstraits ou « d'individus contingents »[2], tandis que « la liberté personnelle (*die persönliche Freiheit*) n'existe que pour les individus développés au sein des rapports de la classe dominante et seulement dans la mesure où ils sont des individus de cette classe » (p. 73). Pour les dominés, conquérir les conditions d'une affirmation personnelle d'eux-mêmes, c'est-à-dire les conditions d'une « liberté personnelle » exige qu'ils se

1. *Die deutsche Ideologie*, éd. cit., p. 19 : « Au demeurant, la division du travail et la propriété privée sont des expressions identiques – dans l'une est exprimé en relation avec l'activité cela même qui dans l'autre est exprimé en rapport avec le produit de l'activité. »

2. On trouve p. 79 « la distinction entre individu personnel (*persönliches Individuum*) et individu contingent (*zufälliges Individuum*) » : le premier ne peut se former comme tel que sous la condition de l'union ou de la réunion (*Vereinigung*) des individus se soumettant collectivement les conditions de leur existence, tandis que le second est l'individu vivant sous la condition des ordres (*Stände*) d'ancien régime ou, plus généralement, l'individu vivant sous des « formes de commerce » (*Verkehrsformen*), sous des formes de rapports qui lui sont extérieurs et qu'il ne maîtrise pas (par exemple la forme de la division du travail, mais aussi la forme de communauté apparente qu'est l'État ou le Droit).

détachent de la communauté illusoire et compensatoire de l'État, qu'ils renversent cette « communauté illusoire » et qu'ils instaurent la « communauté réelle » (*die wirkliche Gemeinschaft*, p. 74). « C'est seulement dans la communauté », écrit Marx (et il faut entendre ici la communauté réelle et non les succédanés de communauté qui ont existé jusqu'ici, en particulier l'État), « qu'existent pour chaque individu les moyens de cultiver (*ausbilden*) ses dispositions (*Anlagen*) dans toutes les directions, c'est donc uniquement dans la communauté que la liberté personnelle devient possible » (p. 73). Mais pourquoi et comment les prolétaires devraient-ils ou pourraient-ils parvenir à comprendre que la communauté réelle est le seul lieu possible d'un accomplissement personnel d'eux-mêmes ? Pourquoi et comment, comprenant cela, seront-ils ceux qui renverseront la communauté apparente, illusoire et compensatoire de l'État ?

TRAVAIL ET EXPÉRIENCE SOCIALE NÉGATIVE

Le ressort de cette compréhension et de cette exigence de « la communauté réelle » comme lieu de la « liberté personnelle » ne me paraît pas être autre chose, pour Marx, que l'expérience sociale essentiellement *négative* que les prolétaires font dans les conditions d'existence qui sont les leurs. Ainsi, c'est parce que et pour autant que les prolétaires font l'expérience négative de la division et de la scission qu'ils peuvent vouloir l'union ou « la réunion » (*die Vereinigung*). De même, c'est pour autant que les prolétaires font l'expérience négative de la divergence entre l'intérêt individuel et l'intérêt commun qu'ils sont amenés à vouloir instaurer les conditions de la convergence de ces deux intérêts. « Avec la division du travail, écrit Marx, est donnée en même temps la contradiction entre l'intérêt des individus singuliers ou des familles singulières et l'intérêt communautaire de tous les individus qui ont commerce les uns avec les autres » (p. 20) : de cet « intérêt communautaire » (*dies gemeinschaftliche Interesse*), il n'y d'expérience possible que *négative* dans le cadre de la division spontanée du travail, à savoir l'expérience négative de « la dépendance réciproque des individus entre lesquels le travail est divisé » (p. 20) – et c'est justement cette expérience seulement négative qui peut être faite de l'intérêt commun qui pousse à réaliser cet intérêt commun de façon compensatoire dans la forme illusoire de l'État. Cette forme politique illusoire du commun est l'expression même de l'expérience seulement négative que les individus font de leur propre puissance sociale commune aussi longtemps que cette puissance sociale est abandonnée à son développement spontané et prend la forme de la division spontanée du travail : « aussi longtemps que les hommes se trouvent dans la société spontanée (*in der naturwüchsigen Gesellschaft*), aussi longtemps donc qu'existe la séparation entre l'intérêt individuel et l'intérêt commun, aussi longtemps donc que l'activité est divisée non pas volontairement mais de manière spontanée, l'acte propre de l'homme lui devient une puissance étrangère lui faisant face et qui le place sous son joug, au lieu que ce soit lui qui la maîtrise » (p. 20).

Il est clair que l'expérience sociale négative que Marx décrit ici est une expérience *d'aliénation* : dans la forme spontanée, laissée à elle-même, de leur propre socialisation, les hommes font l'expérience d'une dépossession de leur activité et de leur puissance propre ; ils font l'expérience négative d'une puissance sociale qui leur est propre, qui est la leur, mais dont l'unification se fait sans eux et en dehors d'eux. L'unification ou la réunion de leurs actes individuels est abandonnée à un mécanisme extérieur à eux : c'est là tout le paradoxe ou, plus exactement le caractère contradictoire de la division du travail. Elle est la forme divisée que prend la puissance sociale des hommes, elle est leur puissance commune apparaissant comme divisée, elle est le social même sous forme divisée parce que spontanée, et donc sous forme non communautaire et non volontaire. « La puissance sociale (*die soziale Macht*), c'est-à-dire la force de production démultipliée qui provient de l'agir ensemble (*das Zusammenwirken*) des différents individus, tel que cet agir est déterminé par la division du travail, apparaît à ces individus non pas comme leur puissance propre et leur puissance unie, mais comme un pouvoir (*Gewalt*) étranger, se tenant en dehors d'eux, dont ils ne savent ni d'où il vient ni où il va, et qu'ils ne peuvent donc plus maîtriser (…) » (p. 21). C'est là le ressort négatif qui engendre la séparation, pour les prolétaires, entre eux-mêmes comme *personnes*, comme « individus personnels », et d'autre part ce qui conditionne leur possibilité de vivre, à savoir le travail : « chez les prolétaires, écrit Marx, leur condition propre d'existence, le travail, et par là l'ensemble des conditions d'existences de la société actuelle leur sont devenus quelque chose de contingent sur quoi les prolétaires individuels n'ont pas de contrôle (…), [de sorte que] la contradiction entre la personnalité du prolétaire individuel et la condition de vie qui lui est imposée, le travail, lui apparaît à lui-même » (p. 76). Ce dont le prolétaire individuel prend ainsi conscience, c'est d'une expérience sociale négative, en l'occurrence l'expérience de la contradiction entre sa personnalité (et l'exigence de réalisation ou d'affirmation de soi dont celle-ci est porteuse : ce que Marx appelle « former et cultiver [*ausbilden*] ses dispositions dans toutes les directions ») et la condition de vie et d'existence qui est la sienne, à savoir le travail, en tant que cette condition d'existence fait obstacle à toute forme de réalisation ou d'affirmation de sa personnalité propre.

Mais la question demeure : pourquoi ceux que Marx appelle les prolétaires font-ils cette expérience négative plus que d'autres, et surtout pourquoi font-ils cette expérience négative de telle sorte qu'ils veuillent y remédier ? La réponse à cette difficile question se trouve certainement dans le fait que l'expérience négative dont nous venons de parler comme de l'expérience typique des prolétaires ne peut elle-même être jugée et comprise *comme négative* que *par rapport* à une expérience positive que ces mêmes prolétaires font par ailleurs. Or cette expérience positive existe et elle est décrite par Marx dans les termes qu'on va voir, à un moment où il vient de dire que la classe sociale ne permet aux individus d'expérience d'eux-mêmes que comme « d'individus moyens » [1] (*Durchschnittsindividuen*), que la classe sociale est « un rapport auquel les individus ont part non pas en tant qu'individus mais en tant que membres d'une classe (*Klassenmitglieder*) » (p. 78). C'est ce moment que Marx choisit pour expliquer qu'il existe *déjà* pour les prolétaires, certes pas en tant que classe (pour les raisons qu'on vient de voir) une forme positive d'expérience sur laquelle il leur est possible de faire fond : « au contraire, écrit Marx (et au contraire veut dire par opposition à ce qui se passe dans la classe), dans la communauté des prolétaires révolutionnaires qui mettent sous leur contrôle toutes leurs conditions d'existence de membres de la société, c'est exactement l'inverse ; à cette communauté, les individus participent en tant qu'individus [;] c'est précisément la réunion (*die Vereinigung*) des individus (naturellement à l'intérieur de la présupposition des forces productives

---

1. Où il faut voir une autre version de « l'individu abstrait », par opposition à « l'individu personnel ».

actuellement développées) qui place sous leur contrôle les conditions du libre développement et du libre mouvement des individus, conditions qui étaient jusqu'à maintenant abandonnées au hasard et qui s'étaient autonomisées face aux individus singuliers précisément du fait de leur division (*Trennung*) en tant qu'individus, du fait de leur réunion nécessaire qui était donnée par la division du travail et était devenue pour eux un lien étranger du fait de leur division » (p. 78). Tout ce passage est structuré autour de la relation entre la « réunion » et la « division » : c'est la division des individus (conséquence elle-même de la division du travail et de la mise en concurrence des individus) qui a pour conséquence qu'ils n'ont pu connaître jusqu'à maintenant que des formes subies, externes et contingentes de réunion, à savoir ces formes de réunion en quoi consistent aussi bien la classe que l'État. Ces formes extérieures et contingentes de réunions maintiennent en réalité la division, elles la produisent et la reproduisent. Il s'agit donc de passer de cette forme là de réunion à une autre, c'est-à-dire de la réunion subie et non choisie à la réunion voulue et choisie, à la réunion qui supprime et surmonte la division au lieu de la conserver et de la reproduire.

LA COMMUNAUTÉ DES PROLÉTAIRES RÉVOLUTIONNAIRES : COMMENT ELLE SE FORME ET CE QUI S'Y PASSE

Une telle réunion existe déjà réellement [1] sous la forme de la communauté des prolétaires révolutionnaires : cette

---

1. Raison pour laquelle « le communisme n'est pas un *état de choses* (*ein Zustand*) qui doit être produit, un *idéal* vers lequel la société devrait s'orienter », mais « le mouvement *effectif* qui supprime l'état de choses actuel » (p. 21) : nous reviendrons sur ce point dans la Conclusion.

réunion s'effectue dans et par « la communauté des prolétaires révolutionnaires », en tant que leur acte même de se réunir et de surmonter la division, comme acte volontaire, coïncide avec l'acte de prendre le contrôle de leur propre condition d'existence qui n'est autre que la condition d'existence de l'ensemble de la société, c'est-à-dire la condition sans laquelle la société ne peut persévérer dans l'existence : le travail. En prenant collectivement le contrôle du travail, les prolétaires prennent le contrôle de l'ensemble de la société puisqu'ils prennent le contrôle de sa condition fondamentale d'existence ; et cette mise sous contrôle du travail par la communauté des prolétaires révolutionnaires est en même temps la suppression de la division du travail : la réunion des prolétaires contrôlant collectivement le travail est la suppression en acte ou l'acte même de supprimer réellement la division du travail. Marx ne prétend évidemment pas que cette prise de contrôle du travail est déjà effectuée, mais que la condition rendant possible cette prise de contrôle existe déjà, est déjà présente et qu'elle n'est autre que la communauté des prolétaires révolutionnaires. L'existence de cette communauté est la condition politique de la transformation sociale consistant en la prise de contrôle du travail, c'est-à-dire de la condition d'existence de la société : l'auto-organisation des prolétaires révolutionnaires est la forme politique que prend l'activité d'organisation et de contrôle du travail aussi longtemps que cette activité est affrontée à une classe possédante et dominante qui veut au contraire maintenir une division du travail que s'effectue à son avantage.

La prochaine organisation volontaire du travail, étendue à l'ensemble de la société et contrôlée par ses acteurs s'anticipe elle-même dans l'organisation des prolétaires révolutionnaires, une organisation qui est déjà en cours, déjà à l'œuvre selon Marx. L'acte révolutionnaire à venir par lequel les prolétaires placeront sous leur contrôle l'ensemble des conditions d'existence de la société s'anticipe dans l'activité déjà révolutionnaire et déjà réelle par laquelle les prolétaires se transforment eux-mêmes en prolétaires révolutionnaires réunis en une communauté : c'est au sein de la communauté des prolétaires réunis, surmontant la division qui leur est imposée et supprimant les formes extérieures d'union (à commencer par la forme même de la classe, y compris la leur) que commence dès maintenant à s'accomplir « la transformation massive de l'homme qui est nécessaire à la production en masse de la conscience communiste » (p. 28), transformation qui ne peut elle-même « s'opérer que dans un mouvement pratique, dans une *révolution* » (*ibid.*). Ce mouvement pratique, cette révolution sont d'abord internes aux prolétaires eux-mêmes et ils ne consistent pas en autre chose que dans leur mouvement même de s'unir, de s'associer, de s'organiser et de se constituer en communauté : mais ce mouvement est en même temps une transformation d'eux-mêmes, une révolution d'eux-mêmes par eux-mêmes par laquelle ils se « débarrassent de toutes les vieilles saloperies » [1] et « se rendent capables (*sich befähigen*) d'une nouvelle fondation de la société » (p. 28). Ce que Marx appelle « la communauté des prolétaires révolutionnaires » est donc le lieu même où s'effectue, et cela dès que cette communauté commence à se former, « l'union des individus qui place les conditions du libre développement et du libre mouvement des individus sous son contrôle – des conditions qui étaient jusqu'à maintenant abandonnées au hasard et qui s'étaient autonomisées face aux individus singuliers justement du fait de leur séparation en tant qu'individus, du fait de leur unification nécessaire qui était

---

1. « *Sich den ganzen alten Dreck vom Hals schaffen* ».

donnée avec la division du travail et qui, du fait de la séparation des individus, était devenue un lien étranger à eux » (p. 78).

En ce sens le communisme – en tant que le mouvement qui « traite toutes les présuppositions naturelles et spontanées pour la première fois consciemment comme des conditions engendrées par les hommes ayant existés jusqu'ici » (p. 79) – commence d'exister en tant que tel à partir du moment où se forme cette union d'individus qui prennent le contrôle des conditions de leur « libre mouvement » et de leur « libre développement », et donc à partir du moment où cette union d'individus se met à traiter les conditions sociales, telles qu'elle les trouve (c'est-à-dire comme des conditions laissées jusque là à leur développement naturel et spontané, donc incontrôlé), comme « les condition [mêmes] de l'union » (p. 79) : on a alors affaire à une « appropriation » (*Aneignung*) dont Marx dit qu'elle « ne peut être accomplie que par une union » (p. 91). De même en effet que la dépossession des individus de leurs propres conditions sociales d'existence et de développement ne peut subsister que du fait de leur désunion et de leur division, de même inversement seule leur union permet l'appropriation de ces mêmes conditions, mais comme une appropriation *commune*, c'est-à-dire comme une appropriation qui pose son propre présupposé, à savoir l'union. Selon Marx, cette union et cette appropriation commune sont possibles dans la société moderne capitaliste parce qu'elles y trouvent des conditions réelles et pratiques de réalisation : d'une part les forces productives y deviennent clairement les forces de la société entière et non plus les forces de tel ou tel (ce que Marx appelle « les forces productives développées jusqu'à en faire une totalité », p. 90), d'autre part le commerce universel ou mondial produit *de facto* une unification de l'humanité. C'est ce qui fait que « le commerce moderne universel (*der moderne universelle Verkehr*) ne peut pas être

subsumé sous les individus autrement qu'en étant subsumé
sous tous » (p. 91) : en ce sens, l'union consciente et volontaire
de tous est la seule forme d'organisation qui puisse permettre
que les individus s'approprient une puissance sociale qui, de
fait, est déjà suffisamment développée mais qui, sans l'union,
ne peut être leur puissance propre.

CHAPITRE III

PHILOSOPHIE CRITIQUE

> La philosophie est intégrée à la science comme
> critique. (…)
> En dehors de la critique, il ne reste à la philosophie
> aucun droit.
>
> Jürgen Habermas [1]

Il en va de la « philosophie critique » comme de la
« philosophie de l'activité » : dans les deux cas, Marx n'est
pas un fondateur, mais un héritier – et un transformateur.
L'interprétation de la philosophie comme critique vient à
Marx du XVIII e siècle et des Lumières, mais elle a reçu une
nouvelle impulsion des représentants de la gauche hégélienne
puis du Jeune-hégélianisme : l'idée commune est que la
philosophie devient la critique quand elle prend conscience

---

1. J. Habermas, *Connaissance et intérêt*, trad. G. Clémençon, Paris,
Gallimard, 1976, p. 96. Dans cette proposition, Habermas détermine (en des
termes dont les nôtres seront proches) ce qu'il pense avoir été la position de
Marx, et non pas la sienne propre : quant à lui, Habermas a voulu procéder
au contraire à une séparation de la critique et de la science, en tant que la
première porte sur les obstacles à une communication sans contrainte (et
relève d'un intérêt à l'autoréflexion émancipatrice), tandis que la seconde
relève du rapport instrumental à la nature (et appartient à un intérêt de maîtrise
technique de la nature).

de la fonction sociale qu'elle est susceptible d'exercer. Avec Foucault [1], on peut symboliquement dater cette prise de conscience de la réponse de Kant à la question : qu'est-ce que les Lumières ? C'est bien en tant que critique de l'ensemble des instances sociales et spirituelles prétendant diriger la pensée des hommes et exercer sur elle un rôle de tutelle, que la philosophie prend conscience à la fois de son rôle ou de sa fonction sociale et de la nature de cette fonction, qui est de participer activement au processus par lequel les hommes se libèrent progressivement de toutes formes de tutelle et par là sortent de « l'état de minorité ». La gauche hégélienne hérite directement de cette conception de la philosophie comme critique, c'est-à-dire comme instance intellectuelle ou « spirituelle » (*geistig*) à l'intérieur du processus historique réel de libération ou d'émancipation humaine à l'égard de toute autorité tutélaire [2]. Cela signifie que la conception de la philosophie en tant que critique est indissociable de la prise de conscience par les philosophes de l'inscription de la philosophie au sein d'une histoire qui est celle du genre, et du rôle ou de la fonction politique et sociale que la philosophie est à même de jouer au sein de cette histoire. L'hégélianisme de gauche en général et Marx en particulier héritent de ce que Foucault a appelé l'*ethos* des Lumières et qu'il a caractérisé comme « critique permanente de notre être historique » [3].

1. M. Foucault, « Qu'est-ce que les Lumières ? », dans *Dits et écrits*, t. IV (1980-1988), Paris, Gallimard, 1994, p. 562-578.

2. Une conception de la critique que l'on devait plus tard retrouver chez Max Horkheimer pour qui la théorie critique constitue « l'aspect intellectuel du processus historique d'émancipation » (M. Horkheimer, *Théorie traditionnelle et théorie critique*, trad. C. Maillard, S. Muller, Paris, Gallimard, 1974, p. 48).

3. M. Foucault, , « Qu'est-ce que les Lumières ? », *op. cit.*, p. 571.

Ceci dit, le problème qui devient central avec les hégéliens de gauche dans cette époque que les Allemands appellent le *Vormärz* (c'est-à-dire l'époque qui s'étend de la mort de Hegel en 1831 à la veille de la révolution de 1848 – février en France, mars en Allemagne : d'où « l'avant-mars ») est celui de savoir si la critique a le sens d'un accomplissement de la philosophie (la philosophie devenant vraiment elle-même en tant que critique) ou celui d'une sortie de la philosophie, voire d'une suppression de la philosophie (la philosophie cessant d'être philosophie en faisant place à la critique). C'est autour de ce problème que tournent les débats internes à l'hégélianisme de gauche, c'est-à-dire autour du sens qu'il convient de donner à l'expression de « réalisation de la philosophie » (*Realisierung* ou *Verwirklichung der Philosophie*) : la réalisation de la philosophie est-elle son accomplissement en tant que philosophie, ou bien signifie-t-elle la fin et la sortie de la philosophie ? Réaliser la philosophie, est-ce l'accomplir en la mettant en œuvre en tant que critique, ou bien est-ce la supprimer en tant que philosophie en œuvrant d'une nouvelle manière et dans un autre élément (en l'occurrence celui de « la pratique »), c'est-à-dire, littéralement, en *faisant* autre chose que de la philosophie (par exemple en « *faisant* de la politique) ?

LE DEVENIR MONDE DE LA PHILOSOPHIE

Avant de voir de quelle(s) manière(s) Marx est intervenu dans ce débat, il convient d'en préciser brièvement et historiquement les termes. Le point de départ se trouve dans l'idée, que les hégéliens de gauche ont trouvée chez Hegel, d'un « devenir-monde de la philosophie » et d'un « devenir philosophique du monde ». Cette seconde proposition

– comment un monde réel, historique, politique, social, religieux et culturel, devient philosophie – est d'ailleurs habituellement retenue comme exprimant la position hégélienne : c'est le sens de la proposition fameuse de Hegel selon laquelle, s'agissant de « l'*enseignement* qui dit comment le monde doit être, la philosophie, de toute façon, vient toujours trop tard pour cela ; en tant que *pensée* du monde, elle n'apparaît dans le temps qu'après que l'effectivité a achevé son procès de culture et est venue à bout d'elle-même ; (…) la chouette de Minerve ne prend son envol qu'à l'irruption du crépuscule » [1]. La conception de la philosophie comme « pensée du monde » renvoie à l'idée d'un devenir philosophique du monde, c'est-à-dire à l'idée selon laquelle une (grande) philosophie est toujours la pensée de soi d'un monde historique réel : c'est pourquoi la philosophie intervient comme telle seulement à la fin, comme *résultat*, lorsque le principe d'une époque historique s'est réalisé ou effectué et qu'il en vient à se penser lui-même, à s'intérioriser (*sich er-innern*) en tant que principe dans la pensée philosophique de lui-même et de son sens [2].

Mais on oublie trop souvent que le procès inverse, celui cette fois d'un devenir-monde (et donc d'une réalisation) de la philosophie est également envisagé par Hegel : il s'agit alors du procès inverse par lequel un contenu de sens ou un principe d'abord pensée par et dans la philosophie se reverse ensuite dans un monde historique et devient la base sur laquelle un monde historique nouveau se configure. Ceci dit, comme l'a montré Bernard Bourgeois [3], la philosophie ne peut selon

1. Hegel, *Principe de la philosophie du droit*, Préface, trad. J.-F. Kervégan, Paris, P.U.F., 2013, p. 134.
2. *Cf.* F. Fischbach, *L'Être et l'Acte. Enquête sur les fondements de l'ontologie moderne de l'agir*, Paris, Vrin, 2002, notamment chap. II, p. 82-88.
3. B. Bourgeois, *Éternité et historicité de l'esprit son Hegel*, Paris, Vrin, 1991, notamment chap. III.

Hegel parvenir à configurer elle-même directement ou immédiatement une époque historique nouvelle : elle n'y parvient que médiatement, en l'occurrence par ces intermédiaires que sont la religion et la politique par lesquelles le principe philosophique d'une époque peut parvenir à configurer un monde historique.

C'est donc implicitement en référence à Hegel que le jeune Marx peut dire, dans une note de sa thèse de doctorat consacrée à la *Différence générale de principe entre la philosophie naturelle de Démocrite et celle d'Épicure*, que « le devenir philosophique du monde est en même temps un devenir-monde de la philosophie » [1]. Et Marx emprunte en effet directement à Hegel l'idée selon laquelle, « après avoir conquis sa liberté intérieure, l'esprit théorique se change en énergie pratique et, sortant du royaume des ombres de l'Amenti, se tourne, comme *volonté*, contre le monde réel qui existe indépendamment de lui » [2]. On retrouve bien là l'idée hégélienne selon laquelle l'esprit qui, au terme d'une époque historique, pense ce qu'il a fait et porte au concept sa propre effectuation historique, est aussi l'esprit qui ressource sa propre puissance d'agir et par là se prépare à passer de nouveau à l'action et à configurer dans l'effectivité un nouveau monde historique. Pour Marx comme pour Hegel, la philosophie est le lieu où l'esprit se recharge en « énergie pratique ». Un passage à la pratique s'initie donc dans la philosophie, mais le passage à la pratique en tant que tel, pas davantage pour Marx que pour Hegel, ne s'effectue dans la philosophie elle-même. Dans la philosophie elle-même, le passage à la pratique ne peut prendre qu'une forme elle-même encore philosophique

---

1. *O* III, p. 85 ; Marx, Engels, *Werke*, Bd. 40, Berlin, Dietz Verlag (noté MEW40), p. 328 : « *Das Philosophisch-Werden der Welt ist zugleich das Weltlich-Werden der philosophie.* »

2. *Ibid.*

– et cette forme est très exactement ce que Marx appelle *la critique*. « La *pratique* de la philosophie est elle-même *théorique* ; c'est la *critique*, qui mesure l'existence individuelle à l'aune de l'essence, la réalité particulière à l'aune de l'idée » [1]. Le devenir-pratique de la philosophie, en quoi consiste la critique, est sa réalisation, *Verwirklichung*. Mais, en tant que ce devenir-pratique est lui-même philosophique, et aussi longtemps qu'il est philosophique, il reste entaché de contradiction : le vrai devenir-pratique de la philosophie, c'est-à-dire son devenir-pratique s'il était vraiment ou réellement un devenir-pratique, ne pourrait être que la liquidation de la philosophie, ou ce que Marx appelle « la perte de la philosophie » : « la réalisation de la philosophie, écrit-il, est en même temps sa perte » [2].

Parvenu à ce point où il est question de la « réalisation de la philosophie », il faut prendre garde de ne pas commettre l'erreur qui consisterait à assimiler la réalisation de la philosophie et le devenir-monde de la philosophie : porté par un élan hégélien, on pourrait en effet être conduit à penser que la réalisation de la philosophie est la même chose que son devenir-monde, c'est-à-dire le processus par lequel la philosophie se réaliserait en un monde historique qu'elle configurerait. Or le devenir-monde de la philosophie n'a pas ce sens-là pour Marx : que la philosophie devienne un monde signifie pour Marx qu'elle devient un *système*. C'est en devenant un système, en prenant la forme d'un système que la philosophie devient un monde. La chose vient à peine pour Marx de se produire avec le système hégélien, mais elle s'était déjà produite par exemple avec Aristote : ce qui intéresse Marx, c'est qu'il advient de la philosophie après qu'elle a

---

1. *O* III, p. 85 ; MEW40, p. 327-328.
2. *Ibid.* : « *Die Verwirklichung der Philosophie ist zugleich ihr Verlust.* »

pris la forme d'un monde, c'est-à-dire d'un système – d'où l'ambition qui est celle de Marx dans sa thèse de doctorat de parvenir à tirer pour lui-même et pour sa propre génération post-hégélienne, c'est-à-dire post-systématique, un enseignement de ce qui s'est produit dans l'histoire de la pensée après Aristote avec Épicure et Démocrite. Il faut donc bien comprendre que le devenir-monde de la philosophie n'est pas pour Marx un projet à accomplir : au moment où il écrit, Marx estime que le devenir-monde de la philosophie a *déjà* eu lieu, et que la chose s'est produite avec Hegel. La question n'est donc pas : que faire pour que la philosophie devienne un monde, mais que faire *après* que la philosophie est devenue un monde ? Plus exactement, la question préalable à celle de savoir que faire est celle-ci : que se passe-t-il dans l'époque qui suit le devenir-monde de la philosophie ?

C'est la question que Marx se pose dans ses *Cahiers* (1839-40) sur la philosophie épicurienne, préparatoires de l'écriture de sa thèse de doctorat. On trouve là la confirmation de ce que, par une « philosophie qui s'est élargie aux dimensions du monde » [1], Marx entend une philosophie qui, comme il dit, « s'est close en un monde achevé, total » [2], c'est-à-dire une philosophie qui a pris la forme du système. Marx précise comment les choses se passent lorsque la philosophie prend cette forme-monde : « la philosophie jette ses regards derrière elle quand son cœur est devenu assez fort pour créer un monde

---

1. *O* III, p. 843 ; MEW40, p. 215.
2. *Ibid.* : « *Die Philosophie, die einer Volendeten, totalen Welt sich abgeschlossen hat* ». Il convient de ne pas traduire par « une philosophie ayant abouti à un monde total, achevé » dans la mesure où cet « aboutissement » donne à comprendre le monde total et achevé comme un résultat produit par la philosophie, là où s'agit au contraire de la forme que la philosophie se donne à elle-même.

(*zur Schaffung einer Welt erstarkt ist*) » [1] : de façon parfaitement conforme à Hegel, Marx pense qu'une philosophie devient système dans et par le regard remémorant que la pensée jette sur ce qui a effectivement été accompli dans et par une époque historique que la philosophie vient conclure en en ramassant et en pensant les résultats essentiels. Selon Marx, c'est précisément ce que Hegel lui-même a fait, et c'est la raison pour laquelle sa philosophie est une philosophie « élargie aux dimensions du monde ». La question est de savoir ce qui se passe ensuite, de sorte qu'en posant cette question, Marx entreprend de déterminer ce qu'il advient de la philosophie dans son moment historique présent. Et voilà sa réponse : « il y a des moments où la philosophie tourne ses regards vers le monde extérieur, non plus en conceptualisant, mais comme une personne pratique qui noue des intrigues avec le monde, qui quitte le royaume transparent de l'Amenti et qui se jette dans les bras de la sirène du monde » [2].

Pleinement satisfaite de la forme totale qu'elle s'est donnée à elle-même dans l'élément de la pensée théorique et conceptualisante, la philosophie entreprend de sortir d'elle-même : elle se tourne vers un monde qui n'est pas le sien, un monde existant en dehors d'elle et elle entre avec ce monde réel, visible et phénoménal dans un rapport nouveau qui est un rapport pratique. « La philosophie qui s'est élargie aux dimensions du monde se dresse contre le monde phénoménal (*erscheinende Welt*) [3] ; c'est le cas, à présent, de la philosophie hégélienne » [4]. Tel est donc ce qui se produit maintenant selon Marx, c'est-à-dire au moment même où il écrit : la philosophie-monde qu'est le hégélianisme se tourne contre le monde

---

1. *O* III, p. 843 ; MEW40, p. 215.
2. *Ibid.* (traduction modifiée).
3. Maladroitement rendu par « monde visible » dans la traduction française.
4. *Ibid.*

phénoménal et entreprend non plus seulement de le penser, mais d'y œuvrer de façon pratique.

QUE FAIRE APRÈS UNE PHILOSOPHIE-MONDE ?

Marx considère donc son époque comme appartenant au genre de celles qui suivent ce qu'il appelle « une philosophie en soi totale » ou une « philosophie universelle » [1] et il estime que, dans une telle époque, il est encore possible de philosopher, mais sous d'autres formes. Marx n'est pas de ceux qui « nient que, postérieurement à une philosophie totale, des hommes puissent encore vivre » [2], au contraire ! En revanche, il ne nie pas que les époques qui suivent une philosophie totale soient des époques de grands bouleversements : il parle ainsi de « la tempête qui succède à une grande philosophie, à une philosophie universelle » [3] et il considère explicitement comme une « catastrophe » [4] la fin d'une philosophie totale ou universelle. Cette fin inaugure des « temps malheureux, temps d'airain, où les dieux sont morts, où la nouvelle divinité ressemble encore à la sombre figure du destin », où « les couleurs du jour en sont encore absentes » [5]. Les époques qui suivent une philosophie-monde sont ainsi nécessairement celles d'un « retournement de la philosophie » (*Umschlag der Philosophie*) [6], où « retournement » est à prendre au sens où l'on parle d'un brusque retournement de conjoncture : ce

---

1. *O* III, p. 844 ; MEW40, p. 216.
2. *Ibid.*
3. *Ibid.*
4. *Ibid.*
5. *O* III, p. 845 ; MEW40, p. 216.
6. *Ibid.* ; MEW40, p. 218. La traduction de *Umschlag* par « métamorphose » proposée par M. Rubel nous paraît maladroite : l'idée d'un retournement (*Um-*) brutal (*-schlag*) en disparaît complètement. C'est pourtant d'un tel

retournement de la philosophie consiste en sa
« transsubstantiation en chair et en os » (*Transsubstantiation
in Fleisch und Blut*) [1].

Mais cette transsubstantiation peut prendre elle-même
deux formes opposées, dont l'une est parfaitement médiocre,
tandis que l'autre peut être grandiose : « à de telles catastrophes,
écrit Marx, succède une époque d'airain (*ein eiserne Zeit*) »
qui peut être « heureuse lorsque des combats de titans la
marquent » ou « déplorable lorsqu'elle ressemble aux siècles
qui trainent la jambe à la suite des grandes époques d'art » [2].
L'époque de l'histoire de la philosophie à laquelle Marx
consacre son travail de doctorat est du premier genre : c'est
l'époque qui, « après Aristote », c'est-à-dire après une
philosophie totale, « a vu surgir un Zénon, un Épicure, voire
un Sextus Empiricus » [3], c'est le moment où « la philosophie
épicurienne, puis stoïcienne fut le bonheur de son temps » [4].
Mais l'époque de l'histoire où il lui est donné de vivre est au
contraire, selon Marx lui-même, bien plutôt du second genre :
une époque « déplorable » (*bejammenswert*) qui fait de l'après-
Hegel un moment bien différent et même opposé à l'après-
Aristote. Alors qu'après Aristote avaient surgi un Zénon et
un Épicure, ce sont au contraire, après Hegel, « des tentatives
pour la plupart d'une indigence insondable » [5] : l'époque qui
suit Hegel est donc bien plutôt de ces époques qui « s'ingénient
à modeler dans la cire, le plâtre et le cuivre ce qui avait surgi

retournement qu'il s'agit lorsqu'on passe d'un rapport théorique tourné vers
l'intérieur à un rapport pratique tourné vers l'extérieur.

1. *O* III, p. 845 ; MEW40, p. 218.
2. *O* III, p. 844 ; MEW40, p. 216.
3. *Ibid.*
4. *O* III, p. 845 ; MEW40, p. 218.
5. *O* III, p. 844 ; MEW40, p. 216.

dans le marbre de Carrare » [1], elle est l'époque qui offre le spectacle d'une « médiocrité qui se donne pour la manifestation régulière de l'absolu » [2], c'est-à-dire d'une médiocrité démesurée, infinie.

Le problème est que Marx considère aussi que l'époque qui suit la fin d'une philosophie totale dit quelque chose au sujet de la nature de cette philosophie totale elle-même et qu'on en trouve, comme il dit, « en résumé le *curriculum vitae* » [3] : « en fonction de la sorte déterminée de ce brusque retournement (*Umschlag*), on peut remonter à la déterminité immanente et au caractère historique universel du déroulement d'une philosophie » [4]. Il y a ainsi des cas où ce qui, dans la philosophie totale, « apparaissait comme croissance », est « déterminité » ou « forme achevée » (*Bestimmtheit*) dans la philosophie brusquement retournée qui lui succède : c'est pour Marx le cas de la philosophie épicurienne par rapport à Aristote. Mais il y aussi le cas où « ce qui fut négativité en soi est devenu négation » [5] : c'est ce qui se passe avec ces « hégéliens » dont Marx dit qu'ils « comprennent mal notre maître » [6] et qui copient dans le plâtre et la cire les figures que Hegel avait réalisées en marbre.

Nous y reviendrons dans la suite, mais il est clair qu'avec ce diagnostic sur son temps, Marx se fixe en même temps sa propre tâche : faire que, dans ces « temps malheureux d'où les couleurs du jour sont encore absentes », le terrain ne soit pas abandonné aux seuls esprits médiocres qui se prennent pour des manifestations de l'absolu, et donc faire que la

1. *Ibid.*
2. *Ibid.*
3. *O* III, p. 845 ; MEW40, p. 218.
4. *Ibid.* (traduction modifiée).
5. *Ibid.*
6. *O* III, p. 844 ; MEW40, p. 216.

négation qui suit la négativité hégélienne ne soit pas un simple anéantissement.

LE « RETOURNEMENT » DE LA PHILOSOPHIE

Il est cependant un autre aspect de la « catastrophe » qu'est la fin d'une philosophie totale et que nous n'avons pas encore examiné. « La philosophie ayant abouti à un monde achevé, total (…), la totalité du monde est radicalement divisée en elle-même (*ist dirimiert in sich selbst*) : (…) c'est donc un monde déchiré qui vient faire face à une philosophie en soi totale »[1]. En se totalisant en elle-même, la philosophie a laissé le monde réel aller en dehors d'elle-même, le laissant se constituer en un tout en dehors d'elle, mais en un tout lui-même brisé puisqu'il n'a plus dans la philosophie son principe d'unité et de totalisation. Ce sont donc maintenant deux totalités qui se font face : d'une part la totalité idéelle – celle de « l'existence spirituelle, libérée, qui s'est enrichie jusqu'à l'universalité » (*i. e.* la philosophie) – et d'autre part celle du monde réel, « un monde déchiré qui fait face à une philosophie en soi totale ». Une telle scission entre une philosophie-monde et le tout brisé du monde réel précède immédiatement la transformation ou le brusque retournement (*Umschlag*) de la philosophie : « tel Prométhée, après avoir dérobé le feu céleste, s'apprête à bâtir des maisons et à s'installer sur la terre, la philosophie, qui s'est élargie aux dimensions du monde, se dresse contre le monde phénoménal[2] ; c'est le cas, à présent, de la philosophie hégélienne »[3].

---

1. *O* III, p. 843 ; MEW40, p. 215.
2. Traduction modifiée.
3. *O* III, p. 843 ; MEW40, p. 215.

La transformation consiste d'abord dans le fait de s'installer sur la terre (*auf der Erde sich einsiedeln*), ce qui est très exactement la même chose que « la transsubstantiation en chair et en os » dont parle Marx un peu plus loin : la philosophie quitte l'élément de l'idéalité qui a été le sien auparavant (et dans lequel elle s'est totalisée) et elle investit le monde réel et matériel dont sa totalisation idéelle l'a fait se séparer. Mais la philosophie n'investit pas le monde réel, phénoménal, sensible et matériel de n'importe quelle manière : elle le fait en se tournant en même temps *contre* lui. Que veut dire ce rapport consistant pour la philosophie à « se tourner contre le monde phénoménal » ? La même chose, le même rapport est également désigné par Marx quand il parle du « brusque retournement (*Umschlag*) en un rapport pratique à la réalité » [1] : rapport négatif et rapport pratique (*praktisches Verhältnis*) sont une seule et même chose. Le rapport à la réalité qui est positif en ce qu'il laisse cette réalité inchangée et la prend telle qu'elle est, est le rapport théorique à la réalité : le rapport pratique à la réalité, en revanche, n'est pas un rapport consistant à laisser cette réalité subsister telle qu'elle est.

Et l'on peut penser que ce qu'il s'agit de nier et de transformer dans ou de cette réalité, c'est justement son caractère brisé, divisé, scindé, c'est-à-dire cette « *Diremption* » qui caractérise le monde phénoménal qu'une philosophie se totalisant idéellement en elle-même a laissé aller en dehors d'elle-même – étant entendu que cette négation de la « diremption », de la scission du monde devra se faire dans le monde réel et phénoménal lui-même, et non plus en dehors de lui dans une unification et totalisation seulement idéelles et philosophiques. Mais vouloir ainsi surmonter la scission du monde réel et l'unifier réellement, n'est-ce pas pour la

1. *Ibid.*

philosophie vouloir se rendre elle-même réelle, et donc aussi se supprimer en tant qu'unification seulement idéelle ? Combattre la scission du monde réel, n'est-ce pas pour la philosophie *se combattre elle-même* en tant qu'idéalité séparée du monde réel, et ainsi se transformer elle-même ?

Il se produit donc qu'une fois devenue monde et système, la philosophie « se tourne, comme *volonté*, contre le monde réel qui existe indépendamment d'elle » [1] : cela signifie que la philosophie, pleinement satisfaite en et par elle-même en tant que système, entreprend de sortir d'elle-même, « animée », comme dit Marx, « de la pulsion de se réaliser » (« *begeistert mit dem Trieb, sich zu verwirklichen* »). « Ce qui fut lumière intérieure devient flamme dévorante qui se tourne vers l'extérieur » [2] : accomplie en elle-même comme monde, c'est-à-dire comme système, « la philosophie se tourne contre le monde des phénomènes », « l'autosuffisance interne et la complétude sont brisées » [3]. Mais, ce faisant, la philosophie admet qu'elle n'est précisément pas la totalité, qu'elle est le tout *seulement pensé*, en dehors duquel il existe encore le monde des phénomènes. Le système est ainsi par lui-même « ravalé à une totalité abstraite, il est devenu un côté du monde, auquel s'oppose un autre côté » [4]. La philosophie entre ainsi « en tension avec quelque chose d'autre » [5] (« *in Spannung gegen anderes* »). C'est donc au moment où la philosophie est devenue monde (c'est-à-dire système) qu'elle brise par

---

1. *O* III, p. 85 ; MEW40, p. 327. Il s'agit de « *die weltiche, ohne den theoretischen Geist vorhandene Wirklichkeit* » : donc, littéralement, de « la réalité mondaine qui existe ou qui est présente sans l'esprit théorique ».

2. *Ibid.* ; MEW40, p. 328.

3. *Ibid.* : « *Die innere Selbstgenügsamkeit und Abrundung ist gebrochen.* »

4. *Ibid.*

5. Et non pas « en conflit avec autrui » comme le dit maladroitement la traduction française (*O* III, p. 85).

elle-même sa propre complétude en elle-même, comme aspirant à une complétude plus grande qui ne peut que la porter au-delà d'elle-même : c'est en étant saisie de cette « énergie pratique » et de cette pulsion à la réalisation qu'elle découvre en même temps qu'elle n'est justement pas tout et qu'il existe un monde en dehors d'elle auquel elle se trouve désormais faire face. C'est en ce sens qu'il faut comprendre la proposition selon laquelle « la réalisation de la philosophie est en même temps sa perte » : sa pulsion à se réaliser lui signifie sa perte en tant que philosophie-monde puisqu'elle signifie en même temps la fin de sa prétention à être elle-même le tout ; si elle l'était vraiment, elle ne connaîtrait précisément pas cette pulsion.

La philosophie engage alors un combat contre le monde qui n'est pas elle et qui est en dehors d'elle : elle veut supprimer cette altérité qui l'empêche d'être le tout à elle seule. C'est là que vient se loger la contradiction : la philosophie veut être tout, d'où sa pulsion pratique à la réalisation d'elle-même ; mais c'est cette pulsion même qui la fait se heurter à cette altérité qui l'empêche précisément d'être tout. Dès lors la philosophie ne peut rien vouloir d'autre que combattre, lutter contre cela même qu'elle veut être, à savoir le monde réel. Aussi Marx peut-il bien dire que « ce que la philosophie combat à l'extérieur, c'est son propre défaut intérieur »[1]. C'est ce qui fait que la philosophie ne peut pas combattre le monde extérieur réel sans se combattre en même temps elle-même, de sorte que les « consciences individuelles » qui sont « les porteuses » (« *Träger* ») de la philosophie « ont toujours une exigence à deux tranchants dont l'un se tourne contre le monde et l'autre contre la philosophie elle-même »[2] : en

1. *Ibid.*
2. *O* III, p. 86 ; MEW40, p. 328.

combattant le monde réel non-philosophique, ils ne peuvent que combattre en même temps la philosophie elle-même en tant que philosophie non-réelle, c'est-à-dire le système en tant que « totalité abstraite ». L'entreprise des philosophes qui est de nier le monde réel non-philosophique est en même temps celle de nier la philosophie non-réelle. Ou bien, comme dit Marx : « en libérant le monde de la non-philosophie, ils se libèrent eux-mêmes de la philosophie qui, comme système déterminé, les avait chargés de fers » [1]. Mais cela veut dire que les philosophes en question se trouvent pris dans une contradiction puisque l'intention de départ était de réaliser la philosophie-monde, c'est-à-dire le système, dans le monde réel, et non pas de nier ou supprimer la philosophie. C'est bien là ce qui fera dire à Marx quelques années plus tard qu'on ne peut pas « réaliser la philosophie sans la supprimer » [2].

LA « POINTE SUBJECTIVE » DE LA CRITIQUE

Lorsqu'on pose la question de savoir ce qu'il en est de la philosophie pour Marx ou si Marx lui-même se concevait comme un philosophe, il faut commencer par prendre acte du fait que Marx, dès le départ, a compris son temps comme celui d'une suppression de la philosophie à laquelle donne paradoxalement lieu le projet même de vouloir la réaliser, c'est-à-dire la rendre réelle dans le monde phénoménal. Dans ces conditions là, Marx apparaît comme celui qui, non

1. *O* III, p. 86 ; MEW40, p. 328 : « *Ihre Freimachung der Welt von der Unphilosophie ist zugleich ihre eigene Befreiung von der Philosophie, die sie als ein bestimmtes System in Fesseln schlug.* ».

2. *O* III, p. 389 ; MEW1, p. 384 : « *Sie glaubte die Philosophie verwirklichen zu können, ohne sie aufzuheben* » ; nous modifions systématiquement les traductions citées en rendant « *aufheben* » par « supprimer » qui nous paraître être le sens que possède le terme pour Marx.

seulement n'a pas voulu participer lui-même d'une suppression de la philosophie mise en œuvre par des esprits qu'il considère explicitement comme médiocres, mais qui a eu au contraire le projet de parvenir à maintenir en état de marche une certaine forme de philosophie. C'est cette forme très particulière de maintien de la philosophie qui est difficile à concevoir et qu'il a été difficile à Marx lui-même de préciser : c'est une figure transformée de la philosophie, transformée à la fois en elle-même et dans son rapport au monde réel ou phénoménal.

La *critique* est le nom de cette figure transformée de la philosophie, elle est pour Marx le nom du maintien de la philosophie envers et contre tout, c'est-à-dire dans l'époque de sa suppression et réalisation, c'est-à-dire de son brusque retournement (*Umschlag*). La critique est le nom de la philosophie dans l'époque de sa crise. Une telle époque est selon Marx une époque de malheur (*Unglück*) quand elle ressemble « aux siècles qui trainent la jambe à la suite des grandes époques de l'art » [1]. Et Marx précise en quoi consiste un tel malheur : « mais le cœur du malheur, c'est qu'alors l'âme du temps, la monade spirituelle, rassasiée en elle et configurée en elle-même dans toutes les directions, n'a le droit de (*darf*) reconnaître aucune réalité qui se serait achevée sans elle » [2]. Reconnaître une telle réalité existant en dehors d'elle et achevée en elle-même sans la philosophie, se serait en effet, pour la philosophie, devoir reconnaître qu'elle a échoué à être ce qu'elle prétend être, à savoir totale. Le malheur est alors pour la philosophie de ne plus avoir le choix qu'entre nier le monde pour se sauver elle-même, ou se nier elle-même en reconnaissant le monde. Mais n'oublions pas pour autant que Marx pense que les époques qui suivent une philosophie-

---

1. *O* III, p. 844 ; MEW40, p. 216.
2. *O* III, p. 845 ; MEW40, p. 217 (traduction modifiée).

monde peuvent *aussi* être des époques heureuses, et donc que
le malheur n'est pas assuré : ces époques, écrit-il, sont
« heureuses quand des combats de titans les caractérisent » [1]
– ce qui fut le cas, on l'a dit, après Aristote avec « un Zénon,
un Épicure et même un Sextus Empiricus ». La question est
donc de savoir ce qui, selon Marx lui-même, pourrait sauver
son propre temps du malheur et de la médiocrité incarnée par
des « hégéliens qui comprennent mal le maître » et qui n'ont
rien de Titans…

« La chance, dans un tel malheur, note Marx, est la forme
subjective, c'est-à-dire la modalité selon laquelle la philosophie,
en tant que conscience subjective, se rapporte à la réalité » [2].
Ce qui peut sauver du malheur une époque qui est celle du
« retournement » d'une philosophie-monde, ce sont les formes
subjectives que la philosophie peut réussir à prendre et adopter,
et ce sont ces formes subjectives qui peuvent être titanesques.
Dans l'après philosophie-monde, la philosophie devient
inséparable des formes subjectives dans lesquelles elle s'incarne
– ce qui est d'ailleurs l'un des aspects du retournement : dans
une philosophie-monde du type de celles d'Aristote ou de
Hegel, la subjectivité est oubliée voire explicitement récusée
et surmontée, tandis que cette même subjectivité devient
centrale et majeure dans l'après philosophie-monde. C'est ce
qui fait de telles époques un « carnaval de la philosophie »
où celle-ci endosse les masques et les habits les plus divers
qui sont autant de formes subjectives sous lesquelles elle
apparaît : « la philosophie endosse alors un déguisement de
chien comme le cynique, un habit de prêtre comme l'alexandrin,
le costume parfumé du printemps comme l'épicurien ; il est
alors essentiel pour elle de porter des masques de

1. *O* III, p. 844 ; MEW40, p. 216.
2. *O* III, p. 845 ; MEW40, p. 218 (traduction modifiée).

personnages » [1]. Il s'agit d'ailleurs là de l'un des principaux aspects de « la transsubstantiation [de la philosophie] en chair et en os » : cette transsubstantiation consiste pour la philosophie à être portée par un individu vivant incarnant une subjectivité et un caractère subjectif manifestés comme tels dans et par le masque arboré par l'individu.

On peut exprimer la chose un peu différemment en revenant à l'idée selon laquelle Marx comprend son époque comme celle qui suit une « philosophie universelle » : l'expression allemande est celle de « *allgemeine Philosophie* » qui signifie littéralement une philosophie *commune* (*gemein*) à *tous* (*alle*). La fin d'une philosophie totale ou d'une philosophie-monde comme le hégélianisme, c'est donc aussi la fin d'une philosophie commune à tous, susceptible d'être partagée par tous : c'est pourquoi l'époque d'une telle fin est à la fois une époque de tensions et de conflits (puisqu'il n'y a plus de paradigme commun), et une époque qui voit le retour au premier plan des figures subjectives et individuelles, qui peuvent d'ailleurs aussi bien être celles de « titans » que d'esprits médiocres. C'est le moment où « *die objektive Allgemeinheit [der früheren Philosophie] kehrt sich um in subjektive Formen des einzelnen Bewusstseins* » [2] : ce que l'on peut certes traduire en disant que « l'universalité objective [de la philosophie antérieure, hégélienne en l'occurrence] se change en formes subjectives de la conscience individuelle », mais qu'il vaudrait sans doute mieux traduire (pour avoir plus de chances de comprendre ce que Marx veut dire) en disant que « l'être objectivement commun à tous [de la philosophie antérieure] se renverse en les formes subjectives de la conscience individuelle ». Ce qui signifie concrètement que l'époque d'une philosophie commune

1. *O* III, p. 843 ; MEW40, p. 215.
2. *O* III, p. 843-844 ; MEW40, p. 215.

à tous est close et que l'on entre alors dans le règne des individualités, voire des *ego* philosophiques.

On peut dès lors rassembler les différents aspects que prennent le retournement et la transformation de la philosophie selon Marx. D'abord la philosophie entre avec le monde dans un rapport qui n'est plus théorique ou de contemplation, mais un rapport pratique de transformation du monde réel. Ce rapport pratique au monde peut prendre deux formes sur lesquelles nous reviendrons aussitôt : soit il s'agit pour la philosophie de nier l'extériorité du monde réel qui l'empêche d'être une philosophie-monde ou une philosophie totale ; soit il s'agit pour la philosophie de supprimer le caractère brisé et scindé du monde réel, et donc de lui redonner une unité, de lui conférer la dimension philosophique qui lui fait défaut (la philosophie renonce alors à être elle-même le lieu de l'unité, mais elle reste l'instance qui apporte l'unité au monde). Dans ce cas, le rapport pratique de la philosophie au monde réel consiste pour elle à devenir une philosophie critique : le rapport pratique de la philosophie au monde réel est un rapport lui-même encore philosophique et donc paradoxalement théorique (« la *praxis* de la philosophie est elle-même *théorique*, c'est la *critique* » [1]) ; ce rapport pratico-théorique au monde est ce que Marx appelle « la critique ». Un tel rapport suppose que la philosophie soit désormais incarnée par des individus vivants et singuliers : la philosophie transformée en critique n'est plus séparable des individus en chair et en os qui la mettent en œuvre. En tant que philosophie pratique et critique,

---

1. *O* III, p. 85 ; MEW40, p. 327. Urs Linder rappelle avec raison que cette conception de la théorie comme pratique, c'est-à-dire de la critique comme mise en pratique de la philosophie est quelque chose que Marx hérite de Bruno Bauer (*cf.* Urs Linder, *Marx und die Philosophie. Wissenschaftlicher Realismus, ethischer Perfektionismus und kritische Sozialtheorie*, Stuttgart, Schmetterling Verlag, 2013, p. 60).

la philosophie est inséparable des subjectivités vivantes qui la mettent en pratique. Ces individus vivants sont les agents conscients de la pratique de la philosophie comme critique, ils en sont ce que Marx appelle « la pointe subjective (*die subjektive Pointe*) »[1].

On voit donc que la « conscience philosophique » incarnée par ces individus vivants porteurs de la critique prend selon Marx deux formes très différentes et même opposées qui dessinent les figures de ce que Marx considère comme des « partis ». D'un côté, il y a ce que Marx appelle « le parti *libéral* »[2] dont le propre est de « maintenir comme caractéristique principale le concept et le principe de la philosophie » ; de l'autre il y a le parti de « la *philosophie positive* »[3] dont le propre est de « maintenir comme caractéristique principale le *non-concept* [de la philosophie],

---

1. *O* III, p. 845 ; MEW40, p. 218.

2. Le « parti libéral » désigne les « hégéliens de gauche », c'est-à-dire ceux qui considèrent que la philosophie (hégélienne en l'occurrence) peut et doit jouer un rôle actif dans la critique des tendances et des éléments irrationnels qui caractérisent le monde existant. Cette irrationalité du monde se marque en particulier à sa « diremption », c'est-à-dire ses divisions et son manque d'unité. Sur l'hégélianisme de gauche et sur Marx lui-même comme hégélien de gauche (avant son rattachement tardif – 1843 – au Jeune-hégélianisme), voir E. Renault, *Marx et la philosophie*, Paris, P.U.F., 2014, p. 78-86. Voir aussi W. Essbach, *Die Junghegelianer. Soziologie einer Intellektuellen Gruppe*, München, W. Fink Verlag, 1988.

3. Le « parti positif » désigne les « hégéliens de droite » : le terme « positif » proviennt des polémiques internes à l'école hégélienne relative au rapport entre la philosophie et la religion. Les uns (les hégéliens de droite) prennent la Révélation comme un donné, comme un fait positif que la spéculation philosophique se contente d'accueillir en elle-même ; les autres (les hégéliens de gauche, et le premier d'entre eux : D. F. Strauss dans ses *Écrits polémiques pour la défense de la Vie de Jésus*, 1837, mais aussi Feuerbach) posent que la mise en forme philosophique du contenu religieux ou révélé suppose une critique de ce contenu révélé.

le moment de la réalité » [1]. Marx use ici manifestement de la distinction schellingienne entre, d'une part, la philosophie négative ou purement conceptuelle qui se maintient dans l'élément de la seule pensée, et d'autre part la philosophie positive qui part de quelque chose de réellement existant en dehors du concept et d'irréductible à lui. Mais, à première vue, l'usage que Marx fait de la distinction schellingienne peut sembler être contraire au sens que cette distinction a pour Schelling lui-même. Marx explique en effet que « l'acte du premier [*i.e.* du « parti libéral » ou conceptuel) est la critique, donc précisément le fait, pour la philosophie, de se-tourner-vers-l'extérieur », tandis que « l'acte du second [*i.e.* du parti « positif »] est la tentative de philosopher, et donc le fait, pour la philosophie, de se-tourner-dans-soi » [2]. Il est surprenant, au regard du sens que possède pour Schelling la distinction entre le négatif (ou le conceptuel) et le positif, que ce soit la philosophie critique et conceptuelle qui se tourne vers l'extérieur, tandis que la philosophie positive est celle qui se tourne dans ou vers elle-même : on s'attendrait à ce que ce soit exactement l'inverse.

Mais on comprend mieux lorsque Marx indique ensuite la raison pour laquelle le parti libéral ou conceptuel tourne la philosophie vers l'extérieur tandis que le parti positif la tourne au dedans d'elle-même. C'est que le parti positif « sait le manque comme immanent à la philosophie », alors que le parti libéral « le comprend comme un manque propre au monde qui est à rendre philosophique » [3]. C'est donc dans la mesure même où le parti positif identifie le manque comme étant propre à la philosophie qu'il se tourne vers la philosophie

1. *O* III, p. 86 ; MEW40, p. 328.
2. *O* III, p. 86 ; MEW40, p. 330 (traduction modifiée).
3. *Ibid.*

pour la modifier ou la réformer – et ce manque caractéristique de la philosophie comme telle consiste justement en ce qu'elle *ne soit que* conceptuelle, en ce que son élément *ne soit que* la pensée ou le concept, sans prise aucune sur quoi que ce soit de réel. Inversement, c'est dans la mesure où le parti libéral, c'est-à-dire le parti du concept identifie le manque ou le défaut (*Mangel*) comme étant propre au monde réel lui-même que ce parti se tourne vers l'extérieur et contre le monde pour le transformer : ici, le défaut est celui d'un monde réel qui manque de philosophie, c'est-à-dire aussi d'unité, de liberté et de justice – en un mot : de rationalité.

Il est clair que le parti que Marx donne pour « libéral » (c'est-à-dire le « parti » des hégéliens de gauche) est celui qu'il reconnaît à ce moment-là (encore) comme le sien (avant son évolution vers le Jeune-hégélianisme) : c'est le parti qui « maintient le concept et le principe de la philosophie », qui met en œuvre, sous le nom de « critique », une pratique de la philosophie tournée vers l'extérieur et contre le monde au motif qu'il a identifié un manque propre au monde, à savoir son manque ou son défaut de philosophie ou de rationalité. Combler ce manque de philosophie dans le monde réel, c'est la même chose que réaliser la philosophie : cette réalisation de la philosophie n'en est pas la négation pure et simple, mais la transformation et le « retournement » (*Umschlag*) qui font d'elle une pratique théorique portée dans le monde par des individus singuliers, en chair et en os, qui ordonnent leur pratique de la philosophie à la production d'effets transformateurs du monde.

Sans doute Marx devait-il ensuite être conduit à comprendre différemment la nature de ces effets de transformation sur le monde : dans la période que nous venons d'examiner, celle de la rédaction de sa thèse pour le doctorat (qui relève de la période « libérale », c'est-à-dire hégélienne de gauche de

Marx [1]), cet effet transformateur à produire dans le monde phénoménal consistait essentiellement à introduire de l'unité et de la rationalité en lui, c'est-à-dire à surmonter la « diremption », la scission et la division qui le caractérisent. Sur ce point la différence est notable avec les textes de fin 43-début 44 [2] : comme on va le voir dans la suite, Marx en vient alors à concevoir le rôle du philosophe critique comme inséparable de la fonction désagrégative et de l'action effectivement dissolvante qu'exerce réellement *à l'intérieur* du monde existant et *contre* lui cette force de décomposition à laquelle il commence à donner le nom de « prolétariat ».

CRITIQUE PHILOSOPHIQUE ET DÉSAGRÉGATION SOCIALE

Marx, après sa thèse de Doctorat, était loin d'en avoir fini avec l'idée de la critique comme « *pratique* de la philosophie qui est elle-même théorique » et il a de fait repris la question dans l'article qu'il a publié à Paris en mars 1844 dans les *Deutsch-Französische Jahrbücher* sous le titre : « Pour une critique de la philosophie hégélienne du droit. Introduction » (*Zur Kritik der Hegelschen Rechtsphilosophie. Einleitung*).

1. Voir sur ce point P. Clochet, « Le libéralisme de Marx », art. cit., p. 110-123.
2. Cette différence doit être rapportée à la scission interne aux hégéliens de gauche entre « Vieux hégéliens » et « Jeunes hégéliens » : comme l'a montré Emmanuel Renault (*Marx et la philosophie*, *op. cit.*, p. 87), cette scission est le fruit (entre autres éléments) d'une radicalisation politique de ceux (au premier rang desquels Bruno Bauer) qui reprennent à leur compte l'appellation qui se voulait infâmante de *Hegelingen*, « Jeunes hégéliens », une radicalisation politique qui les conduit à ne plus se contenter de vouloir réaliser l'État rationnel hégélien en Allemagne. En cherchant, comme on va le voir, la connexion avec les forces sociales de décomposition qui se portent déjà au-delà d'une telle réalisation de l'État rationnel, Marx s'affirme clairement (bien que tardivement) comme Jeune-hégélien.

Dans ce texte à la fois célèbre et mystérieux, où apparaît pour la première fois dans l'œuvre de Marx le nom du « prolétariat » [1], et où Étienne Balibar a vu le témoignage d'un « moment messianique » dans la pensée de Marx [2], ce dernier écrit au sujet des Allemands, en se comptant naturellement au nombre d'entre eux, que « nous sommes les contemporains *philosophiques* du présent, sans en être les contemporains *historiques* » [3]. Marx entend par là que si les Allemands sont en retard par rapport aux Français et aux Anglais du point de vue de l'histoire politique et économique, ils en sont néanmoins les contemporains du point de vue philosophique : ce qui signifie que les développements politiques et économiques de l'histoire récente (celle de l'après Révolution française et de la révolution industrielle) ont eu lieu en Allemagne non pas dans l'effectivité historique, mais dans la pensée et la philosophie, en l'occurrence dans la philosophie hégélienne : c'est en ce sens que Marx peut écrire que « nous autres Allemands, nous avons vécu notre post-histoire en pensée,

---

1. Quoique, pour être exact, il faille dire que le terme de « prolétaire » (mais pas celui de « prolétariat ») avait fait une première apparition dans les *Manuscrits de 1844* : « On comprend aisément que l'économie nationale ne considère le prolétaire qu'en tant que travailleur (…). Elle ne le considère pas dans le temps où il ne travaille pas, c'est-à-dire en tant qu'homme, mais elle abandonne cette considération à la justice criminelle, aux médecins, à la religion, aux tableaux statistiques, à la politique et au prévôt des mendiants » (M44, p. 83). On comprend que le prolétaire est ici le travailleur en dehors du travail, c'est-à-dire simplement un homme puisque le travailleur, ne possédant rien, ne peut être rien d'autre qu'un simple homme en dehors du travail : mais comme, précisément, il ne possède rien, cet homme nu n'apparaît alors plus que comme voleur, malade et/ou mendiant.

2. É. Balibar, « Le moment messianique de Marx » initialement paru dans la *Revue germanique internationale, 8/2008* ; Ph. Büttgen, F. Fischbach (dir.), *Théologies politiques du Vormärz. De la doctrine à l'action (1817-1850)*, Paris, CNRS-Éditions, 2008, p. 143-160, repris dans É. Balibar, *Citoyen sujet, op. cit.*, p. 243-264.

3. *O* III, p. 388 ; MEW1, p. 383.

dans la *philosophie* »[1]. L'Allemand philosophe ou plus précisément l'Allemand hégélien ou, autrement dit, en Allemagne seul le philosophe hégélien est donc le contemporain du présent historique, politique et économique des Français et des Anglais[2]. Mais il faut ajouter que, chez ces « peuples avancés », il existe désormais, au moment où Marx écrit, c'est-à-dire en 1844, des mouvements (chartistes en Angleterre, socialistes en France) qui se portent *au-delà* des conditions historiques présentes, voire qui agissent *contre* ces conditions : la question est de savoir comment l'Allemand hégélien, qui n'est le contemporain des conditions modernes des Français et des Anglais que par sa philosophie, comment donc cet Allemand se situe par rapport aux forces qui, chez ces peuples avancés, sont déjà en rupture avec ces mêmes conditions modernes et se portent ou se projettent au delà d'elles.

Voilà la réponse de Marx à cette question : « ce qui, chez les peuples avancés, constitue *pratiquement* une désagrégation (*Zerfall*) des conditions étatiques modernes est d'abord en Allemagne, où ces conditions n'existent même pas encore, une désagrégation *critique* du reflet philosophique de ces conditions »[3]. En d'autres termes, quand on est le contemporain *philosophique* des conditions modernes, la désintégration ou la désagrégation de ces mêmes conditions modernes s'appelle la *critique*, et cette désagrégation n'est pas pratique, mais *théorique*. Si « la philosophie allemande du droit et de l'État

1. *O* III, p. 388 ; MEW1, p. 383.

2. *Ibid.* : « La philosophie allemande du droit et de l'État est la seule histoire allemande qui soit au niveau du présent moderne *officiel* ».

3. *Ibid.* Nous modifions la traduction en rendant *Zerfall* par « désagrégation » plutôt que par « rupture », et *Staatzuständen* par conditions étatiques plutôt que par « conditions politiques ». La proposition d'Étienne Balibar de traduire *Zerfall* par « décomposition » nous paraît excellente (*cf.* É. Balibar, *La philosophie de Marx*, Paris, La Découverte, 2 e éd. 2014, notamment p. 163).

est la seule histoire allemande qui soit au niveau du présent moderne *officiel* », alors, selon Marx, la *critique* est la seule histoire allemande qui soit au niveau de la *contestation pratique* du présent moderne officiel. Autrement dit, dans le cas d'un Allemand, la contestation pratique de son propre présent historique (donc de son présent *allemand*) ne suffit pas et ne peut pas suffire puisque ce présent allemand n'est pas le présent historique réel, celui-ci n'existant comme tel qu'en France et en Angleterre. Pour un Allemand, la contestation doit porter sur le seul élément qui le rende contemporain des Français et des Anglais, à savoir sur la philosophie allemande du droit et de l'État. La contestation, la « désagrégation » ou la décomposition (*Zerfall*) du présent, pour un Allemand, c'est donc forcément la critique de la philosophie allemande du droit et de l'État, c'est-à-dire du hégélianisme [1].

Deux choses sont donc parfaitement inutiles pour un Allemand : la première est « la négation immédiate de ses conditions politiques et juridiques réelles ». C'est inutile parce que ce serait faire avec retard ce que les Français et les Anglais ont déjà fait. La seconde chose inutile serait « la réalisation immédiate de ses conditions idéelles », c'est-à-dire des

---

1. *Cf.* Auguste Cornu, *Karl Marx et Friedrich Engels*, t. II : *Du libéralisme démocratique au communisme, la « Gazette rhénane », les « Annales franco-allemandes », 1842-1844*, Paris, P.U.F., 1958, p. 280 : « Étant donné l'état arriéré de l'Allemagne, la critique de ses institutions ne peut se faire que par la critique de sa philosophie qui constitue, sur le plan de la pensée, le stade le plus avancé du progrès réalisé par les Allemands. Si en France et en Angleterre, l'élimination de tares de la société et de l'État se fait par l'action politique et sociale, cette élimination ne peut se faire en Allemagne que par la critique de la philosophie, qui se trouve, sur le plan théorique, au même niveau de développement de développement que ces pays. Critiquer cette philosophie, en particulier la *Philosophie du droit* de Hegel, c'est critiquer non seulement la situation présente de l'Allemagne, mais aussi son prolongement tel qu'il est réalisé dans les pays plus avancés, c'est critiquer non seulement le régime absolutiste et féodal, mais aussi la société et l'État bourgeois. »

conditions qui sont pensées dans sa philosophie : c'est inutile parce la réalisation de la philosophie allemande du droit ne serait une fois encore que la réalisation avec retard de ce que ces « peuples voisins » ont déjà accompli. Dans les deux cas, les Allemands arriveraient en retard ou *post festum*, et ils ne seraient toujours pas les contemporains de l'époque historique présente dans la mesure où ce qui se passe *actuellement* dans cette époque, c'est la contestation, la désagrégation et la décomposition de cela même que les Allemands parviendrait seulement à réaliser (et certainement pas à contester) s'ils niaient leur propre réalité ou s'ils réalisaient leur philosophie. C'est pourquoi la désagrégation du présent historique ne peut prendre pour un Allemand que la forme de la négation de la seule chose qui fasse de lui un contemporain de ce présent, donc la forme de la « négation de la philosophie », c'est-à-dire qu'elle ne peut prendre que la forme de la *critique*.

Plus précisément, des Allemands qui veulent être contemporains de l'époque historique, c'est-à-dire de ce qui, à la pointe de cette époque, en est déjà la contestation et la désagrégation, doivent selon Marx nécessairement faire *deux choses* en même temps. Ils doivent certes nier leur philosophie (c'est-à-dire la philosophie hégélienne du droit et de l'État), puisque seule celle-ci est à la hauteur de l'époque historique et en est la contemporaine : inévitablement, pour un Allemand, la désagrégation de l'époque historique présente doit prendre la forme de la négation de la philosophie allemande (donc de sa critique) puisque la philosophie est le seul aspect de la réalité allemande qui soit contemporain de l'époque historique présente. « C'est donc à bon droit, écrit Marx, qu'en Allemagne le parti politique *pratique* exige la *négation de la philosophie* » [1]. Mais, ce faisant, les Allemands ne doivent pas oublier que la

---

1. *O* III, p. 388 ; MEW1, p. 383-384.

philosophie allemande est en avance sur la réalité allemande, ou que la réalité allemande n'est pas encore à la hauteur de la philosophie allemande : c'est pourquoi ils ne doivent pas se contenter de nier la philosophie, ils doivent en même temps vouloir que cette philosophie devienne réelle, ils doivent vouloir et faire en sorte que le contenu de cette philosophie allemande (à savoir un État rationnel fondé sur une constitution, une société civile émancipée de l'État au moins pour ce qui concerne la sphère des besoins) devienne la réalité historique allemande. C'est à cette condition (celle de la réalisation de la philosophie allemande ou hégélienne) que la critique de cette même philosophie rendra les allemands contemporains de la désagrégation du présent déjà à l'œuvre en France et en Angleterre. D'où la critique que Marx adresse à ces mêmes représentants du « parti politique pratique » (c'est-à-dire en fait à ses amis « Jeunes hégéliens ») dont il dit qu'ils ont raison de vouloir la négation de la philosophie allemande : le tort de ce même parti est qu'il « n'inclut pas également la philosophie dans la sphère de la réalité *allemande*, ou va même jusqu'à l'estimer *au-dessous* du niveau de la pratique allemande » [1].

C'est pourquoi, s'adressant aux Allemands de ce « parti pratique », il leur dit : « *vous ne pouvez pas supprimer la philosophie sans la réaliser* » [2]. « Supprimer la philosophie », c'est la seule forme que peut prendre pour un Allemand la désagrégation ou la décomposition du présent historique (à laquelle certains Français et Anglais se consacrent déjà dans la pratique), mais cette forme restera elle-même sans le moindre

1. *O* III, p. 389 ; MEW1, p. 384.
2. *Ibid.* Dans cette formule fameuse, comme le plus souvent chez Marx, le verbe *aufheben* possède son sens négatif habituel et courant en Allemand : de sorte qu'il faut le rendre par « supprimer » et non pas, dans une maladroite allusion à Hegel qui n'a pas lieu d'être ici, par « surmonter ».

effet pratique si elle n'est pas *en même temps* accompagnée de l'exigence de rendre réel en Allemagne le contenu de la philosophie hégélienne de l'État et du droit. C'est donc une grave erreur de croire que nier la philosophie signifie « tourner le dos à la philosophie et marmonner à son adresse, tête détournée, quelques phrases grincheuses et banales » [1]. Il est donc clair que, pour Marx, un Allemand ne peut être le contemporain des mouvements de désagrégation de la réalité historique moderne que s'il en passe par la négation de la philosophie, c'est-à-dire par une démarche critique qui est clairement de nature théorique : mais cette critique théorique aura une efficace pratique si elle est accompagnée de la réalisation de la philosophie, c'est-à-dire de l'entreprise de doter l'Allemagne d'un État constitutionnel moderne articulé à une société civile faisant droit à la liberté individuelle.

C'est en articulant ainsi l'une à l'autre la critique (ou la négation) de la philosophie et sa réalisation que l'Allemagne aura à la fois une réalité sociale et politique « au niveau du présent moderne officiel » des autres nations *et* la désagrégation de ce même présent moderne telle qu'elle est déjà mise en œuvre non seulement en France et en Angleterre, mais aussi en Allemagne par un « prolétariat » qui est en avance sur la réalité allemande dans la mesure même où il est l'héritier de la philosophie allemande.

D'où la critique symétrique que Marx adresse parallèlement aux représentants du « parti politique *théorique* issu de la philosophie ». Ce « parti » semble être très proche de celui que Marx appelait le « parti libéral » dans ces notes datant de l'époque de l'écriture de sa thèse de Doctorat : c'est vraisemblablement le parti proprement philosophique de la « gauche hégélienne », celui qu'il appelait aussi le « parti du

1. *O* III, p. 389 ; MEW1, p. 384.

concept », c'est-à-dire le parti qui veut la réalisation de la philosophie comme remède aux côtés négatifs de la réalité allemande, et en particulier comme remède au retard de l'Allemagne à effectuer les révolutions politique et industrielle déjà accomplies par les deux autres grandes nations européennes. Mais la différence par rapport aux textes de l'époque de la thèse, c'est que Marx conçoit désormais la réalité du présent historique comme étant habitée de forces de désagrégation et de décomposition incarnées par « le prolétariat »[1] en tant qu'il est « un ordre qui est la dissolution de tous les ordres », ou en tant qu'il « annonce *la dissolution de l'ordre présent du monde* »[2]. Être à la hauteur du présent, ce n'est donc plus désormais seulement pour Marx se porter au niveau du « présent officiel » des nations modernes, c'est-à-dire au niveau de leur organisation politique et sociale actuellement existante, c'est aussi se porter à la hauteur des forces de dissolution et de décomposition de cette même organisation politique et sociale.

C'est la raison pour laquelle il ne peut plus être question de se contenter, avec les « hégéliens de gauche », de la simple réalisation de la philosophie allemande de l'État et du droit : on obtiendrait dans ce cas le présent historique « officiel » de la France et de l'Angleterre, mais pas les forces de décomposition et de dissolution à l'œuvre dans ce présent officiel et contre lui. Il faut donc vouloir en même temps la réalisation de la philosophie (allemande) *et* sa dissolution ou sa négation – de sorte que le tort ou le défaut du « parti

---

1. Il y avait bien déjà à l'époque de la thèse, on l'a vu, la thématique de la désagrégation du monde, exprimée à l'époque en termes de « déchirement », mais il n'y avait pas encore d'*agent* de cette désagrégation qui soit nommé comme tel ; c'est désormais le cas et « prolétariat » est le nom de cet agent du déchirement du monde, de sa désagrégation et de sa dissolution.

2. *O* III, p. 396 ; MEW1, p. 391.

politique théorique issu de la philosophie » est « qu'*il a cru pouvoir réaliser la philosophie sans la supprimer* » [1].

La *critique* telle que Marx la conçoit est donc le seul moyen pour un Allemand de se porter au niveau du présent officiel (qui est la réalité de l'État et de la société en France et en Angleterre) *et* du présent non-officiel (représenté par les forces de décomposition du présent officiel) : la critique philosophique est l'unique moyen pour un Allemand de se connecter aux forces de dissolution qui œuvrent activement au sein de la réalité historique la plus avancée. Cette critique se décline de trois manières : c'est d'abord la critique de la réalité politique et sociale arriérée de l'Allemagne, c'est ensuite l'exigence de réaliser en Allemagne ce qui n'y a été que pensé philosophiquement (mais qui a été réalisé ailleurs) et, enfin, c'est la critique de cette pensée philosophique allemande elle-même. Ce troisième aspect de la critique est indispensable puisque, sans lui, on aurait seulement la réalisation d'une philosophie conforme au présent officiel de la France et de l'Angleterre, mais on n'aurait pas la dissolution de ce même présent, c'est-à-dire qu'on n'aurait pas le présent officieux incarné par la force dissolvante, la force de décomposition propre au prolétariat.

La critique de la philosophie allemande, et donc la mise en œuvre d'une version critique de cette philosophie, ou encore l'usage critique de cette philosophie sont les seules manières pour un Allemand de faire de lui-même le contemporain des forces de dissolution et de décomposition du présent historique des nations européennes avancées, et d'avoir une chance d'entrer en contact avec ces forces.

---

1. *O* III, p. 389 ; MEW1, p. 384.

CRITIQUE PHILOSOPHIQUE ET RÉVOLUTION SCIENTIFIQUE

Le problème qui se pose maintenant à nous est de déterminer la manière dont Marx fait usage d'une forme critique de la philosophie allemande (c'est-à-dire, essentiellement, la manière dont Marx met en œuvre un hégélianisme ou une « dialectique » critique), et de le faire à partir de l'œuvre qu'il présente comme la tentative de révolutionner scientifiquement une science, à savoir *Le Capital*.

Il peut être utile ici de partir d'une lettre de Marx à Kugelmann, celle du 27 juin 1870 dans laquelle il s'en prend à F. Lange, l'auteur de *Die Arbeiterfrage, Ihre Bedeutung für die Gegenwart und Zukunft* (dont la seconde édition vient de paraître au moment où Marx écrit) : on trouve dans cette lettre quasiment les mêmes formules que celles que Marx reprendra dans sa Postface à la seconde édition du *Capital* en 1873. « M. Lange s'étonne qu'Engels, moi, etc., nous prenions ce chien crevé de Hegel au sérieux, alors que, n'est-ce pas, depuis longtemps, les Büchner, Lange, le docteur Dühring, Fechner, etc. – *poor deer* – s'accordent à dire qu'ils l'ont depuis longtemps enterré »[1]. Mais moins anecdotique et donc plus intéressant pour nous est le fait que Marx écrive que « ce que ce même Lange dit de la méthode hégélienne et de l'emploi que j'en fais est vraiment puéril » : « il ne comprend rien à la méthode hégélienne, et bien moins encore à la façon critique dont je l'applique »[2]. Marx ne met donc pas en œuvre la méthode hégélienne *telle quelle* : il l'applique « d'une façon critique ». Reste à déterminer en quoi consiste cette « façon critique » de mettre en œuvre la méthode hégélienne.

1. Marx, *Lettres à Kugelmann*, éd. cit., p. 169.
2. *Ibid.*

Peut-être nous approcherons-nous de la chose en prenant en considération les *effets* que produit cette façon critique de mettre en œuvre la méthode hégélienne. « Lange, poursuit Marx, a la naïveté d'affirmer que je me "meus avec une liberté extrêmement rare" dans la matière empirique ; il ne soupçonne pas que cette "liberté de mouvement dans le sujet" n'est rien d'autre qu'une paraphrase pour la *méthode*, la manière de traiter le sujet, c'est-à-dire la *méthode dialectique* » [1]. Il y aurait donc chez Marx une certaine manière de mettre en œuvre le mode de penser hégélien (ce que Marx appelle la « méthode » hégélienne), une manière hégélienne de traiter d'un sujet ou d'une matière qui aurait pour effet et résultat une « liberté de mouvement » que ne possèdent pas les économistes qui ne mettent pas en œuvre cette façon hégélienne de traiter la chose. Mais en quoi consiste cette manière hégélienne de traiter un sujet, cette « méthode » hégélienne dont Marx se réclame ; et, plus fondamentalement encore, en quoi consiste cette « *façon critique* » de mettre en œuvre la manière hégélienne de traiter un sujet ?

L'un des moments du livre 1 qui permet de comprendre le mieux l'usage que Marx fait d'un hégélianisme critique ou d'une « dialectique » critique pour révolutionner, c'est-à-dire pour transformer radicalement la science économique, est certainement la sixième Section consacrée au salaire, et en particulier le premier chapitre de cette Section, le chapitre XVII intitulé « Transformation de la valeur ou du prix de la force de travail en salaire ». Marx commence le chapitre en notant : « A la surface de la société bourgeoise, le salaire de l'ouvrier apparaît comme le prix du travail : une quantité déterminée d'argent qui est payée pour une quantité déterminée de travail » (LC1, p. 599). Tout l'enjeu pour Marx est

---

1. Marx, *Lettres à Kugelmann*, éd. cit., p. 169.

précisément de ne pas s'en tenir à la façon dont les choses *apparaissent à la surface* : le propre de la démarche scientifique en tant que telle (et c'est déjà selon Marx ce qu'ont fait les économistes classiques en tant précisément que leur démarche relevait de la science et non de la simple économie « vulgaire ») est de creuser cette surface et de mettre au jour les mécanismes qui œuvrent en profondeur. Marx explique d'ailleurs ensuite que les économistes classiques ont accompli ce travail qui consiste à creuser sous la surface des phénomènes, mais qu'ils l'ont fait de manière inconsciente, sans le savoir. Ainsi, par exemple, ils ne se sont pas rendus compte de ce à quoi ils parvenaient lorsque, en essayant de rapporter les oscillations du prix du travail selon l'offre et la demande à un « prix naturel » ou « prix nécessaire » du travail, puis en essayant de rapporter ce « prix naturel » du travail à ce qui serait « la valeur du travail », puis en se demandant comment peut-être déterminée cette « valeur du travail » et en allant finalement jusqu'à dire que, « comme pour les autres marchandises, cette valeur était déterminée aussi par le coût de production » : parvenu à ce point, l'économiste classique se demande « quels sont les coûts de production de l'ouvrier », c'est-à-dire combien cela coûte de produire un ouvrier, et il est bien embarrassé de trouver une réponse à cette question...

Mais pourquoi les classiques n'ont-ils pas *pris conscience* qu'avec cette idée d'un coût de production de l'ouvrier, ils étaient bel et bien arrivés au fond des choses, c'est-à-dire à l'idée que ce que la science économique appelle « valeur du travail », est en réalité la valeur de l'ouvrier lui-même (c'est-à-dire la valeur de ce qui est nécessaire à le produire comme ouvrier), et donc qu'il s'agissait de « la valeur de la force de travail » en tant qu'elle « existe en la personne du travailleur et qui est aussi différente de sa fonction, le travail, qu'une machine l'est des opérations qu'elle effectue » (p. 603) ? Si les économistes classiques n'ont pas pris conscience d'avoir percé « la surface » et d'avoir presque [1] atteint « le fond des choses » [2], c'est que leur faisaient défaut les catégories philosophiques (hégéliennes en l'occurrence) qui permettent justement de savoir ce qu'on fait, de prendre conscience de ce qu'on fait au moment où on le fait. Or, dans ce chapitre sur le salaire comme en d'autres, mais peut-être là plus qu'ailleurs, Marx fait un usage intensif de catégories hégéliennes, en particulier de celles d'apparence et d'essence, de « formes phénoménales » et de « rapports essentiels », tout en concevant de manière non-hégélienne les rapports entre ces catégories elles-mêmes : autrement dit, Marx fait ici un usage critique de catégories hégéliennes et il place cet usage critique au service d'une transformation scientifique de la science économique.

Pour Hegel, le propre de l'apparaître est d'être l'apparaître *de* l'essence, le propre de la forme phénoménale est d'être la forme même du rapport essentiel : ce qui signifie que c'est l'essence même, l'essence en personne et toute l'essence qui se montre et se manifeste dans son propre apparaître. L'apparaître, chez Hegel, est apparaître de l'essence : rien de plus, mais rien de moins non plus – l'essence est sans reste dans son propre apparaître. « L'apparence, écrivait Hegel au premier chapitre de sa *Doctrine de l'essence* dans la *Science de la logique*, n'est pas un extérieur, un autre pour l'essence, mais elle est son apparence propre » [3]. L'apparence n'est donc

---

1. Seul le concept de « force de travail » permet de l'atteindre vraiment – ce concept étant au demeurant l'innovation philosophique et théorique majeure de Marx.

2. « L'économie politique classique touche de près le fond des choses, mais sans le formuler consciemment » (LC1, p. 607).

3. Hegel, *Science de la logique*, 1 er Tome, 2 e Livre : *Doctrine de l'essence*, trad. P.-J. Labarrière et G. Jarczyk, Paris, Aubier, 1976, p. 9.

pas, selon Hegel, autre chose que l'essence : « l'apparence est l'essence elle-même dans la déterminité de l'être »[1]. L'apparence est ce qui reste de l'être dans l'essence, mais, précisément, ce reste de l'être n'est rien de différent de l'essence elle-même, et c'est justement pourquoi l'être se dit maintenant comme apparence, c'est-à-dire comme une déterminité posée par l'essence elle-même : autrement dit, dans l'apparence, c'est l'essence qui paraît elle-même et elle ne paraît en définitive nulle part ailleurs qu'en elle-même[2].

Sur la base de cette compréhension hégélienne du rapport de l'essence et de l'apparaître, il ne peut évidemment s'agir pour Marx de revenir à une position pré-hégélienne : il ne reviendra donc pas à l'idée que quelque chose ou une part de l'essence n'apparaîtrait pas et ne pourrait pas apparaître, restant comme en réserve dans les profondeurs de l'essence. Il ne peut s'agir de rétablir, derrière l'apparaître, un plan essentiel partiellement ou totalement caché. Si Marx pense avec Hegel que le propre de l'essentiel est bien d'apparaître, et que le propre de l'apparence est bien de faire paraître l'essentiel, en revanche on ne peut selon Marx exclure que l'apparence modifie l'essentiel, que l'apparence fasse réellement quelque chose à l'essentiel. Aussi Marx peut-il écrire que, « dans leur manifestations phénoménales, les choses se représentent souvent à l'envers » (p. 602). Au fond, Marx ne fait rien d'autre ici que développer une possibilité enveloppée par la conception hégélienne même des rapports entre l'apparence et l'essence : du point de vue hégélien en effet, l'apparence est aussi essentielle que l'essence pour la

---

1. Hegel, *Science de la logique*, trad. cit., p. 15.
2. Hegel, *Science de la logique*, tard. cit., p. 16 : « L'apparence est donc l'essence elle-même, mais l'essence dans une déterminité, mais de telle sorte qu'elle n'est que son moment, et l'*essence* est le paraître de soi dans soi-même. »

simple raison que « l'apparence est l'essence elle-même ».
Marx en déduit que l'apparence est aussi consistante que
l'essence ou, pour le dire autrement, que la forme est aussi
consistante que le contenu – ce que G. Granel avait fort bien
vu quand il notait que « le penseur matérialiste est précisément
celui pense, non le matériel, mais le formel » [1].

FORME PHÉNOMÉNALE ET RAPPORT ESSENTIEL

Parvenu à ce point, on est tenté de dire à Marx qu'il va
falloir choisir et qu'il n'est pas possible de jouer sur plusieurs
tableaux à la fois : soit (position hégélienne) l'apparaître
manifeste effectivement l'essentiel (et l'essentiel se donne
vraiment à voir dans son apparaître), soit l'apparaître déforme,
transforme voire « inverse » l'essentiel (ou bien le cache et
le dissimule), et donc il *ne* manifeste *pas* effectivement
l'essentiel. Mais en réalité Marx échappe à cette alternative :
ce qu'il retient de Hegel, ce n'est pas tant la thèse même selon
laquelle l'apparaître manifeste réellement l'essentiel, que la
conséquence de cette thèse, à savoir que le plan de l'apparaître
possède une consistance tout aussi réelle et effective que la
consistance du plan essentiel. L'apparaître n'est pas un moindre
être que l'essentiel. Ce qui signifie que si l'apparaître transforme
l'essentiel, au point même de le faire paraître pour l'inverse
de ce qu'il est, cette transformation de l'essentiel dans
l'apparaître pèsera aussi lourd que l'essentiel lui-même. Les
formes de l'apparaître pèsent aussi lourd que les rapports
essentiels qu'elles manifestent, y compris lorsque la
manifestation qu'elles en donnent consiste en une inversion

---

1. « Le concept de forme dans *Das Kapital* », dans G. Granel, *Apolis*,
Mauvezin, Éditions T.E.R., 2009, p. 65.

pure et simple de ces rapports : voilà une thèse de Marx qui suppose à la fois d'hériter positivement de Hegel et d'entretenir un rapport critique à son legs.

Or tel est le rapport à Hegel qui permet à Marx, lorsqu'il aborde la forme-salaire, d'effectuer une transformation scientifique dans la conception du prix et de la valeur du travail. Il conçoit la forme-salaire comme la forme phénoménale sous laquelle apparaît le plan essentiel de la valeur et du prix de la force de travail. Ce qui occupe Marx, c'est « la transformation de la valeur et du prix de la force de travail en forme-salaire, c'est-à-dire en valeur et prix du travail » (p. 605) : la « valeur de la force de travail » (plan essentiel) apparaît comme « valeur du travail » dans la « forme-salaire » (niveau phénoménal de l'apparaître). Mais cette forme phénoménale qu'est la forme-salaire possède une consistance propre qui lui permet d'accomplir une opération à son propre niveau : la forme-salaire est « une forme phénoménale qui rend invisible le rapport réel [1] et qui en montre même rigoureusement le contraire » (p. 605).

Supposons un travailleur qui reçoit 3 shillings au terme d'une journée de travail de 12 heures : si on exprime la chose dans la forme-salaire, on dira que l'ouvrier a reçu l'équivalent

---

1. Cette formulation de Marx pourrait laisser penser qu'il revient finalement quand même à une compréhension pré-hégélienne du rapport entre la forme phénoménale et le contenu essentiel. Il n'en est rien dans la mesure où, dans la conception traditionnelle (non hégélienne), c'est par impuissance que la forme de l'apparaître ne parvient pas à manifester l'essence, ou c'est la puissance propre à l'essence qui la fait se refuser à un complet apparaître d'elle-même. Rien de cela ici puisqu'au contraire Marx parle d'une puissance, propre à l'apparaître comme tel, d'invisibiliser l'essence ou de la donner pour l'inverse de ce qu'elle est. Conférer (certes *contre* Hegel) un tel pouvoir de dissimulation ou d'inversion à la forme phénoménale de l'apparaître suppose d'avoir d'abord fait, *avec* Hegel, de l'apparaître un plan aussi consistant et essentiel que celui de l'essence elle-même.

en argent de la valeur du travail d'une journée et que les 3 shillings sont le prix de son travail pendant 12 h. Telle est la forme que prennent les choses au plan de l'apparition phénoménale. Mais en réalité, ce que l'ouvrier reçoit sous la forme des 3 shillings, c'est l'équivalent de la valeur de sa force de travail en tant qu'il l'a mise en œuvre pendant 12 h : ce que la forme-salaire comme prix du travail d'une journée de 12 h empêche de voir, c'est que l'ouvrier aura produit au bout de 6 h l'équivalent en valeur des 3 schillings qu'il recevra comme prix de son travail d'une journée. La quantité de valeur qu'il continue à produire au-delà des 6 premières heures est donc une quantité de valeur qui ne lui est pas restituée ; c'est une sur-valeur qui est appropriée sans autre forme de procès par celui qui a acheté l'usage de la force de travail pendant 12 h. Ou bien, pour dire la même chose autrement : au bout de 6 h de travail, l'ouvrier aura produit une quantité de valeur équivalente à ce qu'il lui est nécessaire d'acquérir pour reproduire sa force de travail et pour pouvoir la dépenser de nouveau le lendemain pendant 12 h. L'ouvrier produit au bout de 6 h l'équivalent de la valeur de sa force de travail fonctionnant pendant 12 h, ou bien l'ouvrier produit en 6 h l'équivalent du prix auquel on lui achète le fonctionnement de sa force de travail durant 12 h : en conséquence, les 6 h restantes sont une durée de fonctionnement de sa force de travail dont la valeur n'est pas payée à l'ouvrier.

Il y a donc quelque chose que la forme-salaire donne à croire et en même temps quelque chose qu'elle dissimule. Elle donne à croire que le travail de 12 h possède une valeur de 3 schillings : or le travail de une comme de 12 h n'a pas de valeur, et ce qui est constitutif de valeur, c'est le temps, la durée durant laquelle la force de travail est mise en œuvre. Il en va ici de la force de travail comme de toute chose dotée d'une valeur : la valeur d'une chose est déterminée par la quantité de travail nécessaire à sa production, et cette quantité est elle-même déterminée par le temps qui est nécessaire en moyenne à la production de cette chose. Appliqué à la force de travail, cela veut dire que ce qui possède une valeur, ce n'est pas le travail, mais la force de travail, et que cette valeur est déterminée par la quantité de travail social nécessaire à produire et reproduire la force de travail, c'est-à-dire par la quantité de travail social nécessaire à produire les moyens de subsistance qui permettent à la force de travail de se reproduire.

Dans notre exemple, et pour le dire dans des termes qui ne sont pas l'expression de la forme phénoménale, la valeur de 12 h de fonctionnement de la force de travail est évaluée à 3 shillings, mais la force de travail n'a besoin que de 6 h de fonctionnement pour produire l'équivalent en valeur de ce qui est nécessaire à sa propre reproduction. La forme phénoménale selon laquelle « le travail de 12 h vaut 3 shillings » a précisément pour effet et pour fonction bien réelle de dissimuler le fait que les 12 h de fonctionnement de la force de travail valent en réalité le double de ce qu'elles sont payées, à savoir 6 shillings. En d'autres termes, « la forme salaire efface toute trace de la division de la journée de travail en travail nécessaire et surtravail, en travail payé et travail non payé ; la totalité du travail apparaît comme du travail payé » (p. 604). La forme apparente ou phénoménale qu'est la forme salaire possède donc une efficacité bien réelle : elle produit réellement dans les consciences la certitude en vertu de laquelle le travail ou une journée de travail de 12 h possède une valeur et que le prix auquel le travail ou la journée de travail est payé correspond à cette valeur.

Cette certitude s'impose nécessairement à « la conscience ordinaire », qu'il s'agisse de celle du travailleur ou de celle du capitaliste. S'agissant du travailleur qui reçoit 3 shillings pour prix de ses 12 h de travail, il considèrera que « son travail de 12 h est effectivement pour lui le moyen d'acheter les 3 shillings » (p. 606), c'est-à-dire qu'il considèrera que ce sont bien ses 12 h de travail qui ont une valeur équivalent à 3 shillings. Lorsqu'il constatera des variations quand son salaire passe de 3 à 4 ou de 3 à 2 shillings, il considérera naturellement qu'il s'agit de variations du prix de ses 12 h de travail et il ne sera donc jamais conduit à s'apercevoir qu'il s'agit en réalité soit de variations de la grandeur de l'équivalent qu'il reçoit, elles-mêmes dues à des variations de la valeur des moyens de subsistances nécessaires à la reproduction de sa force de travail, soit de variations dues à des modifications dans l'offre et la demande de force de travail sur le marché : pour cela, il faudrait justement qu'il ait conscience que ce qui lui est acheté, ce ne sont pas ses 12 h de travail, mais sa force de travail elle-même. Or la forme salaire, en tant que forme phénoménale, est justement là pour empêcher de comprendre que ce n'est pas le travail qui est acheté, mais la force de travail.

Si l'on passe maintenant du côté de l'acheteur, c'est-à-dire du côté du capitaliste, on voit que ce dernier est pour sa part convaincu d'acheter du travail, en l'occurrence 12 h de travail : son objectif conscient sera d'acheter cette marchandise qu'est pour lui le travail comme tout autre marchandise, à savoir le moins cher possible. S'il parvient à dégager un profit de l'usage qu'il fait des 12 h de travail qu'il a acheté, il se l'expliquera à lui-même en se disant qu'il a fait une bonne affaire, que les 12 h de travail valaient en réalité plus que ce qu'il les a payées et donc que son profit est dû au fait qu'il est parvenu à acheter les 12 h de travail en dessous de leur valeur réelle. C'est donc que le capitaliste est tout aussi convaincu que le travailleur de ce qu'il existe une valeur des 12 h de travail : l'un comme l'autre en restent à la forme phénoménale et ni l'un ni l'autre ne peut non seulement, comme dit Marx, « percer le secret du salaire » (p. 605), mais ne serait-ce même que soupçonner qu'il existe quelque chose comme un secret du salaire. Pour l'un autant que pour l'autre, il n'y a strictement aucun secret et l'apparence est la réalité même. Le capitaliste ne peut par exemple pas comprendre que, « s'il existait réellement quelque chose comme la valeur du travail » et s'il fallait qu'il paye effectivement cette valeur, « il n'existerait pas de capital, son argent ne se transformerait pas en capital ». Et si son argent se transforme en capital, ce n'est certes pas parce qu'il réussit ici ou là la petite escroquerie consistant à payer le travail en dessous de son prix. Si son argent peut se transformer en capital, c'est parce qu'il achète non pas le travail, mais la force de travail, c'est-à-dire « un élément général formateur de valeur, qualité par laquelle cet élément se distingue de toutes les autres marchandises » et qualité qui « échappe à la conscience ordinaire », en l'occurrence à celle du capitaliste autant qu'à celle du travailleur.

C'est ainsi le ressort fondamental de la production spécifiquement capitaliste qui échappe à ses deux principaux acteurs, le travailleur et le capitaliste – et à l'un autant qu'à l'autre [1]. Ce ressort fondamental est précisément l'existence de cette marchandise particulière qu'est la force de travail : à savoir une marchandise capable d'engendrer un surplus de valeur, plus de valeur qu'elle n'en possède elle-même. Ce

1. Notant que « Marx analyse une forme sociale qui n'institutionnalise plus l'antagonisme des classes sous la forme d'une dépendance politique immédiate et d'un pouvoir social, mais qui le fixe dans l'institution légale du contrat de travail libre, institution qui recouvre de la forme marchandise l'activité productive », Habermas ajoutait fort justement que « cette forme marchandise est *une apparence objective parce qu'elle rend méconnaissable aux deux partis, capitalistes et salariés*, l'objet de leur dispute et restreint leur communication » (J. Habermas, *Connaissance et intérêt*, trad. G. Clémençon, Paris, Gallimard, 1976, p. 93 – nous soulignons).

n'est pas le travail qui est acheté car le travail, constitutif de la valeur, ne possède en lui-même aucune valeur [1] : le travail n'est pas la force de travail mais, comme dit Marx, « la fonction » de celle-ci, c'est-à-dire qu'il est ce que fait effectivement la force de travail lorsqu'elle fonctionne, lorsqu'elle est mise en œuvre [2]. Et lorsqu'elle fonctionne, la force de travail devient un travail qualitativement déterminé et particulier, cela devient le travail du filage, le travail du tissage, le travail du tailleur, etc. – bref des travaux utiles qui possèdent pour le capitaliste une valeur d'usage lui permettant d'obtenir du fil, du tissus, du tissus taillé, etc., qui possèdent bien, eux, une valeur d'échange déterminée par la quantité de travail nécessaire à les produire. Mais si le capitaliste obtient ainsi de disposer de la valeur d'usage du travail, c'est parce qu'il a d'abord acheté, non pas le travail (qu'il n'obtient qu'après), mais la force de travail. C'est elle, et elle seule, qui possède les deux qualités essentielles suivantes : d'abord elle a bien une valeur, à la différence du travail, et une valeur déterminée par la valeur des biens qui sont nécessaires à sa propre reproduction [3] ; ensuite elle a la faculté de pouvoir engendrer plus de valeur que la sienne propre, cette survaleur ou ce surplus de valeur étant produit par le fait de « faire fonctionner la force de travail plus longtemps qu'il n'est nécessaire pour reproduire la valeur de celle-ci » (p. 604).

1. « Le travail est la substance et la mesure immanente des valeurs, mais lui-même n'a pas de valeur » (LC1, p. 601).

2. « Qui dit puissance de travail, ne dit pas travail, pas plus que celui qui dit puissance de digestion ne dit digestion » (LC1, chap. IV, « Transformation de l'argent en capital », p. 195).

3. « La valeur de la force de travail se résout dans la valeur d'une somme déterminée de moyens de subsistance. Elle varie donc également avec la valeur de ces moyens de subsistance, c'est-à-dire avec la grandeur du temps de travail nécessaire à leur production » (*ibid.*, p. 193).

Ainsi donc la forme phénoménale du salaire comme prix du travail cache aux agents sociaux le ressort fondamental du mode de production auxquels ils appartiennent et dont ils sont les acteurs. Mais cette forme phénoménale fait encore davantage : Marx nous dit qu'elle « rend invisible le rapport réel *et en montre même rigoureusement le contraire* » (p. 605 ; je souligne). Le terme de « rapport » doit ici être pris au sérieux dans la mesure où ce qui est rendu invisible par la forme phénoménale, c'est la réalité d'un rapport social, en l'occurrence ce rapport social tout à fait spécifique qui met en présence un vendeur et un acheteur de force de travail. Ce rapport social est le produit d'une histoire [1] à laquelle Marx n'omet pas de consacrer un chapitre entier du *Capital*, le célèbre chapitre XXIV intitulé « La prétendue "accumulation initiale" » : cette histoire, « inscrite dans les annales de l'humanité en caractères de sang et de feu », est celle de l'expropriation qui a permis de « dépouiller les producteurs de tous leurs moyens de production » et de les transformer en « vendeurs d'eux-mêmes » (p. 805), c'est l'histoire de « la séparation entre le travailleur et le propriété de ses conditions de travail » (*ibid.*) qui a abouti à ne lui laisser pour unique propriété que sa seule force de travail nue.

Ce que cette histoire a engendré, c'est le rapport social particulier consistant en la mise en présence de ces deux acteurs que sont le vendeur et l'acheteur de la force de travail : on a vu que le ressort de ce rapport, la vente et l'achat de cette

---

1. Voir ce que Marx écrit au chapitre IV, « Transformation de l'argent en capital » : « Une chose est claire : la nature ne produit pas d'un côté des possesseurs d'argent et de l'autre des gens qui ne possèdent que leurs propres forces de travail. Ce rapport ne relève pas de l'histoire naturelle et il n'est pas davantage un rapport social qui serait commun à toutes les périodes historiques. Il est lui-même de toute évidence le résultat d'une évolution historique passée » (LC1, p. 190).

marchandise particulière qu'est la force de travail, est rendu invisible par la forme phénoménale du salaire. Mais il y a plus : c'est la nature même de ce rapport qui est rendue invisible, et elle est rendue invisible de cette façon toute particulière qui consiste à apparaître comme le contraire de ce qu'elle est réellement. Ce rapport apparaît phénoménalement de telle sorte que « le propriétaire de sa puissance de travail et le possesseur d'argent se rencontrent sur le marché et entrent en rapport l'un avec l'autre, avec leur parité de possesseur de marchandises et [avec] cette seule distinction que l'un est acheteur, l'autre vendeur » (p. 188) : le rapport apparaît comme un rapport de parité entre deux individus que ne distingue que le fait que l'un achète ce que l'autre vend. Autrement dit, ces deux individus sont ici « des personnes juridiquement égales » (*ibid.*), aucun des deux n'ayant davantage de droit que l'autre et tous deux disposant librement de leurs biens comme de leur personne. L'acheteur de force de travail dispose librement de son argent et il engage librement son argent dans l'achat de la marchandise force de travail. Quant au vendeur de force de travail, il dispose lui aussi librement de son propre bien et, comme dit Marx, « en tant que personne », « il se rapporte lui-même constamment à sa force de travail comme à sa propriété et par conséquent comme à sa marchandise propre » (p. 188).

Le vendeur de la force de travail est le « travailleur libre » au sens où « il dispose en personne libre de sa force de travail » (p. 190) : ce travailleur est libre au sens où il est libéré des anciens liens de dépendance personnelle, des liens de vassalité dans lesquels il a pu se trouver pris antérieurement et qui l'empêchaient précisément de disposer librement de sa propre personne et de sa propre force de travail. Et ce travailleur reste libre également quand il vend sa force de travail puisqu'il ne la vend jamais en totalité ni définitivement : en la vendant, il permet au possesseur d'argent d'utiliser sa force de travail, mais toujours seulement de façon provisoire et « pour un laps de temps déterminé » et convenu d'avance avec l'acheteur, au terme duquel il récupère la libre disposition de sa force de travail. Telle est donc la forme phénoménale que prend le rapport : un rapport entre deux personnes également libres. Et la forme salaire est justement la forme grâce à laquelle le rapport entre vendeur et acheteur de force de travail apparaît comme un rapport entre deux personnes libres et égales en droit.

Or cette forme est le contraire du rapport réel : car le rapport réel est celui entre d'une part un individu, le possesseur d'argent, qui dispose directement du moyen d'accéder aux moyens de subsistance, et d'autre part un individu, le propriétaire de force de travail, qui ne peut plus accéder aux moyens de subsistance autrement précisément qu'en vendant sa force de travail. La réalité du rapport est l'inverse d'un rapport entre deux personnes également libres : l'un est forcé de vendre s'il veut vivre, l'autre peut vivre sans acheter (puisqu'il possède déjà les moyens de subsister, ou, en tout cas, ce qui permet d'accéder à eux : l'argent). Certes, le possesseur d'argent est « forcé » d'acheter la force de travail s'il veut vivre *en capitaliste* (c'est-à-dire s'il veut pouvoir transformer son argent en capital et faire que son argent produise plus d'argent), mais il n'y est pas forcé pour *simplement* vivre ou pour vivre *tout court* – ce qui change tout.

Insistons sur le fait que ce rapport est un rapport entre celui qui serait *empêché* de vivre s'il ne trouvait pas preneur pour sa force de travail, et celui qui pourrait vivre sans acheter de force de travail : l'inégale liberté entre eux est une inégalité entre des capacités d'agir (l'une est empêchée, l'autre pas) et des formes de vie (l'une est hétéronome, l'autre est autonome). L'un, le vendeur de force de travail, ne peut pas agir par soi et se trouve assigné à une forme de vie hétéronome : il ne peut déployer son activité qu'à la condition d'entrer en contact avec des conditions (à savoir une matière à travailler et des outils pour travailler) qu'il ne possède pas lui-même, et il ne peut entrer en contact avec ces conditions que s'il trouve un acheteur pour sa force de travail (à quoi s'ajoute que, lorsqu'il déploiera effectivement son activité, celle-ci ne sera plus la sienne mais appartiendra à celui qui en a acheté l'usage) ; l'autre, en revanche, possède les moyens de déployer par lui-même son activité propre puisqu'il possède la matière et les outils du travail. Cela signifie que lorsque Marx met au jour la non liberté de celui que les conditions contraignent ou forcent à vendre sa force de travail, il ne le fait pas en référence à un concept de liberté qui serait celui de la liberté entre des personnes également libre en droit : le nerf de sa critique n'est pas de se scandaliser d'une liberté qui serait seulement apparente ou formelle, et ça *ne* peut *pas* l'être puisqu'il montre que cette apparence et cette *forme* sont *nécessaires* et que le propre du rapport essentiel est d'apparaître nécessairement comme l'inverse de ce qu'il est réellement. C'est donc nécessairement que, dans le capitalisme, le rapport essentiel d'inégalité entre un individu qui est libre et un autre qui ne l'est pas apparaît phénoménalement comme un rapport entre deux personnes également libres formellement. Il n'est donc pas possible d'invoquer cette apparence nécessaire pour critiquer ce dont elle est précisément nécessairement l'apparence : cela n'aurait pas de sens.

Il faut donc que Marx opère un déplacement au plan même ou au niveau même de l'essentialité : il faut qu'il passe de ce qui est essentiel au capitalisme à ce qui est essentiel à l'homme et qu'il mesure le premier à l'aune du second. Or Marx a déterminé depuis ses *Manuscrits de 1844* cela qui est essentiel à l'homme comme à tout autre être vivant : c'est sa capacité à déployer par soi son activité d'être vivant, sous la forme déterminée qui est propre au type d'être vivant qu'il est. C'est donc à un tel concept naturaliste de la liberté comme auto-développement de son activité propre ou comme « autoactivité » que Marx a recours quand il s'agit de mettre au jour les obstacles que le capitalisme oppose à l'autoactivation de la plupart des hommes, et non pas à un concept juridique ou moral de la liberté.

Je rejoins donc ici Urs Linder quand il écrit que « le *Capital* critique le capitalisme à l'aide d'un concept emphatique et positif de liberté qui englobe avant tout la capacité d'action, la réflexivité et l'autoréalisation, et qui se laisse trouver sous cette forme dans l'œuvre marxienne depuis *L'idéologie allemande* »[1]. Qu'on me comprenne bien : je ne suis pas en train de dire que l'égale liberté (ou « l'égaliberté », selon le mot valise inventé par Étienne Balibar[2]) ne serait d'aucune utilité dans la critique du capitalisme : Étienne Balibar est aussi celui qui a montré la puissance de mobilisation que le recours à ce concept à la fois engendré et contredit par le fonctionnement réel du mode de production capitaliste peut avoir eu et peut encore avoir dans les luttes sociales et politiques. Sans aucunement remettre cela en cause, mon propos se tient ici sur un plan philosophique et je dis simplement que Marx ne peut pas philosophiquement recourir au concept de liberté dont il montre lui-même qu'il est une apparence nécessairement produite en surface par le fonctionnement même de la formation sociale capitaliste : comment pourrait-il

---

1. U. Linder, *Marx und die Philosophie. Wissenschaftlicher Realismus, ethischer Perfektionismus und kritische Sozialtheorie*, Stuttgart, Schmetterling Verlag, 2013, p. 350.
2. É. Balibar, « La proposition de l'égaliberté » (1989), dans É. Balibar, *La proposition de l'égaliberté*, Paris, P.U.F., 2010, p. 55-89.

sans se contredire considérer comme philosophiquement essentiel un concept de liberté dont il montre philosophiquement que c'est une apparence nécessaire ?

Je pose donc simplement que Marx possède quant à lui un *autre* concept de liberté et que ce concept est celui qu'il a forgé dans le cadre de ce que j'ai appelé ici sa « philosophie de l'activité » : c'est le concept de la liberté comme autodéploiement, autoaffirmation et autoréalisation de « l'activité vitale », c'est-à-dire de la puissance d'agir propre à un vivant. Et si le capitalisme peut être critiqué, c'est pour autant qu'il est cette formation sociale qui empêche et entrave pour la majeure partie des hommes le déploiement par eux-mêmes de leur activité vitale et essentielle propre – avec les conséquences que cela implique s'agissant de l'activité vitale proprement humaine, à commencer par le blocage des capacités de réflexion et d'autoréflexion qui fait que les hommes perdent le contrôle de leur milieu vital propre, c'est-à-dire de leur vie sociale.

Mais revenons à la forme salaire : elle donne donc phénoménalement pour un rapport de parité entre personnes égales et libres (ou également libres) en droit un rapport qui est en réalité et essentiellement un rapport de non parité entre des individus inégaux en fait puisque l'un est libre et l'autre pas, au sens de la « liberté » que nous venons de préciser. Et si la forme salaire parvient à faire cela, c'est parce qu'elle se tient dans « ce séjour en surface accessible à tous les regard » (p. 197) qu'est la sphère de la circulation des marchandises, c'est-à-dire le marché, lieu de l'apparence réelle où se rencontrent un vendeur et un acheteur de cette marchandise qu'est la force de travail. On comprend maintenant que Marx puisse écrire que c'est sur la forme salaire, c'est-à-dire « sur cette forme phénoménale, qui rend invisible le rapport réel et qui en montre même rigoureusement le contraire, que repose l'ensemble des représentations juridiques du travailleur aussi bien que du capitaliste, toutes les mystifications du mode de production capitaliste, toutes les illusions de liberté, toutes les sornettes apologétiques de l'économie vulgaire » (p. 605). « Percer le secret du salaire » (*ibid.*) suppose donc de parvenir à passer « de la forme phénoménale, "valeur et prix du travail"ou "salaire", au rapport essentiel qui se manifeste en elle, valeur et prix de la force de travail » (p. 607) : mais cela suppose à son tour de parvenir à passer sous la surface de la circulation, c'est-à-dire de l'échange des marchandises. Aussi longtemps que l'on reste à la surface, on a affaire aux formes phénoménales en tant qu'elles « se reproduisent d'une façon immédiatement spontanée comme idées reçues et formes de pensée courantes » (*ibid.*) : on peut certainement (bien que Marx ne le fasse cependant pas lui-même dans le texte) considérer que cette reproduction immédiate, spontanée et inconsciente des formes phénoménales d'apparition en formes de pensée et en représentations n'est pas autre chose que la fabrique même de l'idéologie en tant que telle. Ce qui permet d'ailleurs de clairement apercevoir que l'idéologie n'est pas constituée d'un ensemble d'illusions subjectives, c'est-à-dire un ensemble de représentations illusoires produite par le ou les sujets, mais d'un ensemble de représentation produites *dans* le ou les sujets par les formes phénoménales dans lesquelles les choses apparaissent nécessairement, c'est-à-dire dans lesquelles elles ne peuvent pas ne pas apparaître.

Dans notre exemple, la représentation de l'acheteur et du vendeur de force de travail comme de personnes également libres est une représentation nécessairement engendrée et produite dans les esprits sans qu'ils aient conscience du mécanisme qui engendre ces représentations, c'est-à-dire sans qu'il soit possible aux consciences ordinaires (celle du travailleur comme celle du capitaliste) de rapporter ces représentations spontanées aux formes phénoménales qu'elles recueillent, et sans qu'il soit encore moins possible de rapporter ces formes phénoménales elles-mêmes aux rapports essentiels réels qu'elles rendent invisibles ou qu'elles donnent pour le contraire de ce qu'ils sont. Seul l'entreprise de connaître et donc seul l'effort producteur de *science* peut permettre cela : le rapport essentiel, écrit Marx, « ne peut d'abord être découvert que par la science », à quoi il ajoute que « l'économie politique classique touche de près le fond des choses, mais sans le formuler consciemment ». On a vu en effet comment les classiques se sont approchés près du fond des choses, c'est-à-dire sont arrivés dans les parages de l'idée de la valeur de la force de travail quand ils en sont venus à s'interroger sur ce que peuvent être « les coûts de production de l'ouvrier ». Mais, on se le rappelle aussi, « ils n'ont pas pris conscience de ce résultat de leur propre analyse » (p. 603). Pourquoi ? S'agissant des économistes classiques qui ne sont précisément pas des économistes vulgaires, et qui sont de véritables scientifiques, on ne peut pas répondre que c'est parce qu'ils se seraient contentés, comme tout le monde, de reproduire de façon spontanée et inconsciente en formes de pensée les formes phénoménales d'apparition des rapports réels : non, en tant qu'ils faisaient de la science, ils sont déjà allés plus loin que la seule surface des choses. Mais alors pourquoi, tandis qu'ils avaient percé la surface, ne sont-ils pas allés jusqu'au « fond des choses » ?

La réponse est qu'il leur manquait ce qui permet à Marx de faire de la *critique* de l'économie politique, et non pas seulement de l'économie politique : donc, ce qui leur manquait, c'est Hegel, c'est-à-dire la « dialectique ». Il leur manquait à la fois les catégories philosophiques hégéliennes *et* la conception hégélienne des rapports entre catégories qui permettent de comprendre que l'apparaître est aussi réel que l'essentiel, que l'apparence est aussi réelle que l'essence, parce que l'apparence *est* l'essence, mais *comme* forme. Et, ne possédant déjà pas Hegel, ils pouvaient encore moins avoir le Hegel critique que possède Marx : or ce Hegel critique, forgé par Marx, est celui qui permet de concevoir que, si l'apparence est bien l'essence même, mais en tant que forme, cette forme peut cependant elle-même déformer l'essentiel. C'est ce hégélianisme critique ou cet hégélianisme transformé qui permet à Marx de forger l'étrange conception d'une forme d'apparition qui rend invisible l'essentiel qu'elle manifeste, d'un apparaître qui rend invisible cela même dont il est l'apparaître – pour ne rien dire de cette conception encore plus étrange d'une forme d'apparition qui donne pour le contraire de ce qu'il est l'essentiel qu'elle manifeste, d'un apparaître qui renverse ou inverse l'essentiel ou le réel dont il est pourtant l'apparaître.

C'est ce recours à un Hegel lui-même transformé qui permet à Marx de comprendre de manière tout à fait nouvelle et inédite le travail de la science : accéder à la science ou au point de vue de la science ne suppose plus, selon Marx, de simplement parvenir se débarrasser des préjugés et des illusions subjectives qui seraient autant d'obstacles à la connaissance des choses telles qu'en elles-mêmes. Accéder au point de vue scientifique suppose de d'abord comprendre que les illusions ne sont pas subjectives et qu'elles sont donc objectivement produites, c'est-à-dire qu'elles sont produites par les choses mêmes. Ce qui veut dire que ces illusions sont nécessaires et qu'elles ne sont donc pas réellement des illusions : elles sont, comme dit Marx à la fin du premier chapitre dans le paragraphe consacré au « caractère fétiche de la marchandise et son secret », « des formes de pensée qui ont une validité sociale, et donc une objectivité, pour les rapports de production de ce mode de production social historiquement déterminé qu'est la production marchande » (p. 87). De telles formes de pensée recueillent elles-mêmes les formes nécessaires de phénoménalisation ou d'apparition des rapports réels, formes d'apparition qui sont elles-mêmes les formes dans lesquelles les rapports réels et essentiels ne peuvent pas ne pas apparaître. Ainsi l'achat et la vente de la force de travail ne peuvent pas ne pas apparaître, dans les représentations des acteurs du capitalisme, comme un contrat conclu en toute connaissance de cause entre deux personnes également libres – une forme d'apparition nécessaire qui tient elle-même à ce que la valeur et le prix de la force de travail ne peuvent pas ne pas apparaître et donc doivent nécessairement apparaître comme la valeur et le prix du travail, de sorte que le paiement de ce prix doit lui-même nécessairement prendre la forme du salaire.

Mais, répétons-le, faire cela suppose de la part de Marx l'usage de Hegel : cela suppose de comprendre que l'apparaître est aussi essentiel que le réel qui apparaît en lui, que l'apparaître est l'essentiel même, mais mis en forme d'une manière précise qui est elle-même déterminée par l'essentiel. Nous avons donc bien chez Marx un usage de la philosophie de Hegel (ce qui peut aussi s'appeler, pour faire bref, un usage de la « dialectique ») qui est tel qu'il permet la révolution scientifique d'une science.

MARX ET LE COMMUNISME [1]

> Oui, Messieurs, la Commune (…) voulait faire de
> la propriété individuelle une réalité, en transformant
> les moyens de production, la terre et le capital,
> aujourd'hui essentiellement moyens d'asservissement
> et d'exploitation du travail, en simples instruments
> d'un travail libre et associé. Mais c'est du
> communisme, c'est l'"impossible" communisme !
> Karl Marx [2]

La question de savoir si Marx a été communiste peut
paraître à première vue soit comme une question inutile tant
sa réponse va de soi, soit comme une pure et simple provocation.
Et pourtant, c'est la seule question qui mérite d'être posée
s'agissant de la relation de Marx au communisme. Il serait
inutile en effet de se demander ce qu'est le communisme
selon Marx, pour la très simple raison qu'il n'a jamais vraiment
répondu à cette question : nulle part il ne dit précisément ce
qu'est le communisme, nulle part il ne décrit ce que serait ou

---

1. Ce texte a fait l'objet d'une première publication dans la revue
Actuel Marx n° 48, « Communisme ? ». Le texte est repris ici avec quelques
modifications.

2. Marx, *La guerre civile en France*, Paris, Éditions sociales, 1952, p. 52.

pourrait être une société communiste, du moins en allant au
delà de généralités consistant à dire que ce serait « le règne
de la liberté » ou bien qu'il s'agirait d'une « association où
le libre développement de chacun serait la condition du libre
développement de tous » [1], ou encore d'une « association
d'hommes libres, travaillant avec des moyens de production
collectifs et dépensant consciemment leurs nombreuses forces
de travail individuelles comme une seule force de travail
sociale » [2]. Il faut donc en prendre d'emblée son parti : la
question qui vaut d'être posée n'est pas de savoir ce qu'est
le communisme selon Marx, mais qu'est-ce *qu'être communiste*
selon Marx. La question est de savoir ce que cela a signifié
pour Marx que de penser, d'agir et de vivre avec une référence
à quelque chose comme le communisme. L'interrogation ne
porte donc pas sur l'essence du communisme, mais sur le
sens du rapport de quelqu'un au communisme, ce quelqu'un
étant en l'occurrence Marx lui-même.

SOCIALISME ET COMMUNISME

Deux choses sont donc immédiatement frappantes. D'abord
le fait que, mis à part quelques extraits de textes très connus
et relativement brefs, mais extrêmement lus et commentés,
le nombre de textes effectivement consacrés par Marx au
communisme est en réalité faible, et que les occurrences du
terme même de « communisme » sont finalement peu
nombreuses au regard de l'immense *corpus* de textes qui
constitue l'œuvre de Marx. En d'autres termes, celui qui est
considéré comme le théoricien par excellence du communisme,

1. Marx, *Manifeste du Parti communiste*, Paris, Éditions Sociales, 1954,
p. 49.
2. LC1, p. 90.

comme le fondateur même du communisme moderne, celui dont des millions de militants communistes et socialistes se sont réclamés, mais celui dont se sont aussi réclamés les partis-États dits « communistes » sous lesquels a vécu plus de la moitié de l'humanité au cours du XXe siècle, celui-là a finalement très peu écrit sur le communisme en tant que tel, et il n'en a au total pas dit grand chose, quantitativement parlant. Ensuite le fait que, très souvent, ce que l'on croit savoir du rapport de Marx au communisme ne se réfère en réalité pas à Marx lui-même : ainsi de l'idée selon laquelle, après la révolution, le « socialisme » constituerait une phase de transition qui préparerait et précéderait l'instauration d'une société « communiste »[1]. Cette thèse a certes été utilisée par les États dits « socialistes » ou « communistes » pour se légitimer et surtout pour légitimer le fait que non seulement ils maintenaient la forme même de l'État, mais qu'ils en accroissaient même, et dans d'énormes proportions, l'emprise bureaucratique et policière sur la société.

Or, force est de constater que cette thèse d'une transition au communisme par l'intermédiaire de la phase d'un socialisme d'État ne se trouve pas chez Marx : c'est la forme même de ce « raisonnement » en termes de « transition » et de « phases » qui semble avoir été étrangère à Marx, de sorte que, lorsqu'on remet en circulation ce discours sur les phases et la transition – comme le fait S. Zizek lorsqu'il imagine qu'une forme de

---

1. C'est Lénine qui, dans *L'État et la révolution* (1917), attribuait à Marx le mérite d'avoir établi une « différence scientifique claire entre socialisme et communisme » considérés comme les deux « phases » successives (la phase « inférieure » puis la phase « supérieure ») du passage au « communisme intégral ». Par là, Lénine convertissait le moment, qui était chez Marx essentiellement *négatif*, de destruction de l'État et de soumission de l'État à la société, en un processus positif d'édification et de construction d'un « État des Soviets, des députés ouvriers et soldats » exerçant le contrôle sur la société.

socialisme étatiste et autoritaire à la Chinoise pourrait bien constituer une phase prochaine du capitalisme [1] – ce n'est en réalité pas à Marx directement qu'on se réfère, mais à une conception qui a joué en effet un rôle central dans le marxisme. Que lit-on sous la plume de Marx dans la *Critique du programme de Gotha* ? Ceci : « Entre la société capitaliste et la société communiste se place la période de transformation révolutionnaire de l'une en l'autre, à quoi correspond une période de transition politique, où l'État ne peut être autre chose que *la dictature révolutionnaire du prolétariat* » [2]. On remarque immédiatement qu'il n'est pas fait mention ici par Marx d'un quelconque « socialisme » considéré comme phase de transition entre le capitalisme et le communisme, et que la période de transformation révolutionnaire n'est aucunement identifiée par Marx à une période durant laquelle le prolétariat s'emparerait de l'appareil d'État existant et entreprendrait sa transformation en un « État socialiste ». Il est certes question de « transition » dans le texte de Marx, mais il faut être attentif au fait que cette transition est dite « politique », et qu'elle est assimilée à la « transformation révolutionnaire » d'une société dans une autre. L'immense différence entre ce que dit effectivement Marx dans ce passage et la manière dont il a été interprété par la suite, c'est que, d'une part, Marx parle ici d'un *moment* et non pas d'un *processus* (compris comme processus de transition avec ses phases), et que, d'autre part, il parle d'un moment spécifiquement *politique* et essentiellement *négatif*, *destructeur* même, au plus loin donc d'un processus *positif* d'édification et de *construction*.

---

1. S. Zizek, *Après la tragédie, la farce ! Ou comment l'histoire se répète*, trad. D. Bismuth, Paris, Flammarion, 2010, p. 148-149.

2. Marx, *Critique du programme de Gotha*, trad. S. Dayan-Herzbrun, « GEME », Paris, Éditions sociales, 2008, p. 73.

Le contexte – duquel ce célèbre passage est trop souvent séparé – éclaire ce dont il s'agit pour Marx : il s'agit d'un moment où Marx s'en prend aux illusions que nourrit la social-démocratie sous influence lassalienne au sujet de l'État, la principale de ces illusions consistant à « croire que l'on peut construire avec l'appui de l'État une nouvelle société »[1], ce qui – notons-le – condamnait par avance toute construction étatique du socialisme ou toute construction d'un socialisme étatique. Marx exige ici un complet changement de perspective et il appelle les travailleurs à abandonner le point de vue selon lequel l'État apparaît comme une réalité extérieure à la société : « la liberté, écrit Marx, consiste à transformer l'État, organe placé au dessus de la société, en un organe entièrement subordonné à elle »[2].

Or c'est justement de cette transformation de l'État en un organe ou en un outil subordonné à la société qu'il est question dans le « moment politique » en quoi consiste la fameuse « dictature révolutionnaire du prolétariat » : cette dictature – dont Marx précise bien qu'elle est révolutionnaire, et donc qu'elle fait elle-même partie de la transformation révolutionnaire de la société – ne signifie pas que les travailleurs ou les prolétaires prendraient possession de l'État et de son appareil *tels qu'ils sont*, et qu'ils maintiendraient l'appareil d'État dans son extériorité à la société, à la seule différence près qu'ils le feraient désormais fonctionner à leur avantage[3]. La

---

1. *Ibid.*, p. 70.

2. *Ibid.*, p. 72.

3. Hypothèse explicitement exclue par Marx : « la Commune a démontré que la classe ouvrière ne peut pas se contenter de prendre telle quelle la machine de l'État et de la faire fonctionner pour son propre compte ». Cette citation de *La guerre civile en France* est reprise par Marx et Engels dans leur préface à la réédition de 1872 du *Manifeste du Pari communiste* (*op. cit.*, p. 18).

dictature en question est un moment interne à la transformation révolutionnaire de la société [1] et, plus exactement, c'est le moment *politique* de cette transformation *sociale* révolutionnaire : c'est le moment politique consistant à *détruire* l'État en tant qu'organe extérieur à la société, et à le réduire à la fonction d'un organe à la fois interne à la société et entièrement mis au service de l'organisation collective de la production sociale, c'est-à-dire au service du « renversement des conditions actuelles de la production ».

Point de construction d'un État socialiste ni de phase d'édification du socialisme par l'État ici, mais, au contraire

1. La « dictature du prolétariat » signifie que les prolétaires (c'est-à-dire les vendeurs de force de travail) prennent les commandes de cette transformation révolutionnaire de la société. Entre gens de bonne éducation, on est évidemment choqué de cette référence de Marx à la dictature qu'une classe sociale exerce quand elle prend les commandes d'une transformation révolutionnaire de la société. C'est pourtant très exactement ce que la classe des possédants (ou des acheteurs de la force de travail) a entrepris de faire depuis la fin des années 70 et l'entrée dans la phase néolibérale du capitalisme : très directement, c'est-à-dire matériellement menacée dans ses intérêts par l'érosion de sa capacité à poursuivre l'accumulation du capital à partir de la fin des années 60 et du début des années 70, l'élite possédante a bel et bien déclenché un processus de transformation révolutionnaire de la société, de destruction de l'État social hérité de l'après-guerre et de répartition inversée des richesses (des plus pauvres vers les plus riches au moyen de la dette et de la réforme de l'impôt). Ayant ainsi pris les commandes d'une transformation révolutionnaire de la société, la classe possédante n'a naturellement pas hésité à utiliser la dictature militaire quand cela a été nécessaire (par exemple au Chili), ou la guerre (par exemple en Irak où les réformes néolibérales ont été imposées par le gouvernement militaire américain dès la victoire militaire acquise), mais aussi des formes plus « douces » (notamment en Europe, quand aucun compte n'a été tenu du vote démocratique défavorable au « Traité constitutionnel »). Pour qu'une dictature ne choque personne, il est indispensable d'avoir convaincu le plus grand nombre qu'elle s'exerce au nom de la liberté : puissent les non-possédants s'en souvenir. Voir D. Harvey, *Brève histoire du néolibéralisme*, trad. A. Burlaud *et alii*, Paris, Les prairies ordinaires, 2014, notamment chap. I, p. 23-65.

et même inversement : destruction et négation de l'État en tant qu'appareil extérieur à la société dans l'acte même de sa subordination à la société, cet acte[1] n'étant lui-même pas autre chose que le *moment* proprement *politique* de la transformation révolutionnaire de la société, c'est-à-dire de la liquidation des conditions actuelles de la production, à commencer par la condition représentée par la forme actuelle de la propriété. A plus de trente ans de distance, Marx maintient donc là une analyse que l'on trouve déjà dans les *Gloses critiques en marge d'un article de Ruge* (1844), à savoir qu'une révolution sociale possède un moment politique[2] et que ce moment politique, loin d'être affirmatif, édificateur et constructeur, est au contraire essentiellement négatif et destructeur au regard des conditions sociales actuelles de la production. C'est pourquoi « édifier le socialisme » ou « construire le communisme » sont des formules qui n'ont pas de sens au regard des textes de Marx.

La commune de Paris

A quoi s'ajoute que le communisme compris comme moment politique de la transformation sociale révolutionnaire possède déjà pour Marx une illustration historique dans le

1. Et il s'agit là incontestablement d'un acte *violent*, de sorte que se noue là, chez Marx même (et donc avant Lénine), un lien entre violence et politique dans lequel Étienne Balibar a bien raison de voir un considérable problème (*cf.* É. Balibar, « Violence et politique. Quelques questions », dans *Violence et civilité*, Paris, Galilée, 2010).

2. « Toute révolution dissout *l'ancienne* société ; en ce sens elle est *sociale*. Toute révolution renverse *l'ancien pouvoir* ; en ce sens elle est *politique* » (Marx, « Gloses critiques en marge de l'article "Le roi de Prusse et la réforme sociale". Par un Prussien », dans *O* III, p. 417). « Dissolution » (sociale) et « renversement » (politique) : le geste est *doublement* négatif.

déroulement de la Commune de Paris. Ce qui signifie qu'au moment où il rédige la *Critique du programme de Gotha* en 1875, Marx a d'abord à l'esprit les leçons qu'il est possible de tirer de l'expérience de la Commune. En tant que « formation historique entièrement nouvelle » et, en l'occurrence, en tant que formation *politique* entièrement nouvelle, la Commune a selon Marx essentiellement consisté à « briser le pouvoir de l'État moderne » en « restituant au corps social les forces jusqu'alors absorbées par l'État parasite qui se nourrit de la société et en paralyse le mouvement », et cela en abolissant d'abord l'armée et le fonctionnarisme d'État, « ces deux grandes sources de dépenses » et d'oppression de la société. Tel est le moment essentiellement politique de la destruction de l'État en tant qu'institution qui parasite la société, bloque, entrave et opprime son mouvement, et c'est ce qui fait que Marx salue dans la Commune « la forme politique enfin trouvée qui permettait de réaliser l'émancipation économique du travail »[1]. Où il apparaît que le moment politiquement négateur et destructeur est en même temps et indissociablement un moment socialement créateur et libérateur : c'est que la constitution communale, destruction en acte de l'État moderne, se conçoit elle-même comme un outil, un instrument au service de la transformation révolutionnaire de la société, et certainement pas comme l'instauration positive d'une nouvelle réalité politique, fût-elle socialiste ou communiste. C'est le moment politique de destruction d'un État qui entravait le libre développement de la société : c'est la destruction d'un obstacle, et non la construction d'un nouvel ordre.

La Commune, comme forme politique que prend le pouvoir de la classe ouvrière niant et détruisant l'ancien pouvoir d'État, n'a pas le sens de la constitution d'un nouveau pouvoir

---

1. Marx, *La guerre civile en France, op. cit.*, p. 50-51.

politique : ce n'est qu'un instrument qui, comme dit Marx, « doit servir de levier pour extirper les bases économiques sur lesquelles se fonde l'existence des classes » [1]. L'œuvre qu'accomplit selon Marx la classe ouvrière n'est donc pas d'abord une œuvre politique : c'est une œuvre *sociale* qui passe certes par un moment et des moyens politiques, mais dont la finalité est toujours sociale. Cette finalité sociale n'est autre que « l'expropriation des expropriateurs » [2], c'est-à-dire l'abolition de la propriété privée qui, soit dit en passant, ne signifie ni l'abolition de toute propriété, ni l'instauration d'une propriété collective, mais qui consiste à « faire de la propriété individuelle une réalité » en plaçant sous le contrôle de la société les conditions (notamment les moyens de production) qui, actuellement, détruisent au contraire la propriété individuelle parce qu'elles sont les conditions à la fois de l'expropriation du plus grand nombre et de l'exploitation du travail. Or cette œuvre sociale fut précisément celle de la Commune, et c'est cette œuvre que Marx nomme ici de son nom propre : « c'est du communisme, c'est "l'impossible" communisme », ce communisme qui, du coup, apparaît au contraire comme « du très "possible" communisme ».

De sorte qu'il n'est pas étonnant que ce soit le lieu que Marx choisisse pour redire ce qu'il avait dit dès *L'idéologie allemande*, à savoir que le communisme n'est ni une utopie, ni un idéal : « la classe ouvrière n'a pas d'utopies toutes faites à introduire par décret du peuple », « elle n'a pas à réaliser d'idéal », elle a « seulement à libérer les éléments de la société nouvelle que porte dans ses flancs la vieille société bourgeoise qui s'effondre » [3]. Marx ne peut pas dire plus clairement que

---

1. *Ibid.*, p. 52.

2. *Ibid.* La même formule se retrouve à l'identique dans l'avant-dernier chapitre du livre 1 du *Capital* (LC1, p. 856).

3. Marx, *La guerre civile en France*, *op. cit.*, p. 53.

le communisme n'est pas un état social et politique qui se laisserait anticiper sous la forme d'une utopie ou d'un idéal, l'action politique se comprenant alors comme l'action de construction et d'édification d'un ordre conforme à cet idéal ; c'est bien plutôt un processus lui-même social de destruction des obstacles que la société actuelle met à l'éclosion en elle d'une « forme de vie plus haute »[1], processus qui ne peut s'accomplir sans passer par un moment politique de destruction du principal de ces obstacles, à savoir l'État comme entité séparée de la société, et d'invention de nouvelles formes d'organisation qui sont inséparablement sociales et politiques.

LE MOUVEMENT EFFECTIF QUI ABOLIT L'ÉTAT DE CHOSE ACTUEL

Voilà qui ne peut que nous renvoyer à *L'idéologie allemande*, et à l'idée qu'on y trouve du communisme comme du « mouvement *réel* qui abolit l'état de choses actuel »[2]. Nous avons là un modèle anti utopiste qui est clairement celui de *l'immanence* du communisme à la situation historique et sociale *actuelle*. Mais, bien que certaines tendances de la pensée de Marx aillent dans ce sens, cela ne veut pas forcément dire qu'il existe déjà dans la société capitaliste actuelle des éléments objectifs de communisme dont le développement immanent peut porter cette société au-delà d'elle-même. Incontestablement cette conception peut s'appuyer sur des

1. Marx, *La guerre civile en France, op. cit.*, p. 53.
2. « Le communisme n'est pas pour nous un *état de choses* (*Zustand*) qui doit être engendré, un *idéal* en fonction duquel la réalité doit avoir à s'orienter ; nous appelons communisme le mouvement effectif (*die wirkliche Bewegung*) qui abolit (*aufhebt*) l'état de choses actuel » (K. Marx, F. Engels, J. Weydemeyer, *Die deutsche Ideologie*, éd. cit., p. 21).

éléments présents dans la pensée de Marx [1], et elle a joué un rôle important dans le marxisme jusqu'à aujourd'hui, ainsi qu'en témoignent les positions adoptées par Hardt et Negri [2]. On sait que Rancière rejette ce « scénario temporel qui fait du communisme la conséquence d'un processus immanent au capitalisme » [3], mais il le fait en pensant s'opposer aussi à Marx. Or on peut montrer que le modèle du communisme comme « mouvement réel » est chez Marx un modèle qui ne prend vraiment sens qu'une fois mis en rapport avec le thème de la pratique révolutionnaire : sans cela, en effet, le communisme deviendrait identique à l'ensemble des

---

1. Notamment dans les *Grundrisse* (une référence dont on sait qu'elle joue un rôle décisif dans la pensée de Toni Negri, voir ci-dessous). Marx explique ainsi dans les *Grundrisse* que la grande industrie capitaliste permet un développement « de forces productives et de relations sociales » qui ne sont pour le capital « que des moyens de produire à partir de la base bornée qui est la sienne », mais qui « *en fait* sont les conditions matérielles pour faire sauter cette base » (Marx, *Manuscrits de 1857-1858*, « *Grundrisse* », trad. J.-P. Lefebvre (dir.), Paris, Éditions sociales, 1980, t. 2, p. 194).

2. Voir M. Hardt, A. Negri, *Empire*, trad. D.-A. Canal, Paris, Exils, 2000, notamment p. 73 : « Nous persistons à affirmer que la construction de l'Empire est un pas en avant pour se débarrasser de toute nostalgie envers les anciennes structures de pouvoir (…) ; le potentiel de libération est accru par la nouvelle situation (…) : l'Empire augmente les potentialités de libération ». Ce qui permet à Hardt et Negri d'écrire cela, c'est essentiellement leur compréhension des transformations intervenues dans la production du fait de l'hégémonie croissante du travail immatériel en tant qu'elle permet une production elle-même croissante du commun : « la production de biens économiques tend à se confondre avec la production de relations sociales et, en définitive, de la société elle-même » (M. Hardt, A. Negri, *Multitude*, trad. N. Guilhot, Paris, La Découverte, 2004, p. 396) ; c'est donc que le passage au travail immatériel donne à la production l'allure d'une « production de la multitude qui inaugure un cercle vertueux du commun, une spirale expansive » (*ibid.*) – une spirale qui est conçue comme immanente à la phase actuelle du capitalisme et qu'il convient d'embrasser pour pouvoir en épouser et amplifier le mouvement.

3. Jacques Rancière, « Communistes sans communisme ? », dans A. Badiou, S. Zizek, *L'idée du communisme*, Paris, Lignes, 2010, p. 231 *sq.*

contradictions qui minent *de l'intérieur* l'état de choses actuel
et qui sont déjà elles-mêmes en train de l'abolir. Mais, dans
ce cas, pourquoi Marx parlerait-il d'un « mouvement réel
(*wirklich*) » ? En quoi, en effet, l'ensemble des contradictions
internes à l'état de choses actuel serait-il non pas seulement
un « mouvement », mais un mouvement *réel*, ou plutôt un
mouvement *effectif*, c'est-à-dire – si on suppose que Marx
utilise ici « *wirklich* » en un sens qui doive quelque chose à
Hegel – un mouvement qui non seulement peut être dit effectif
au sens où il est actuellement à l'œuvre et produit des effets
actuels, mais aussi et surtout au sens où il peut et même doit
être considéré comme un mouvement *rationnel*, porteur d'une
rationalité qu'il met en œuvre et effectue [1] ? Le déploiement
automatique des contradictions immanentes à l'état de choses
actuel ne me paraît pas pouvoir être qualifié par Marx de
« mouvement *effectif* » en ce sens-là du terme, qui est un sens
fort dont on peut penser qu'il est attesté dans le texte par le
fait que Marx souligne le terme. L'expression de « mouvement
effectif » ne me semble avoir ici de sens qu'en référence à
une pratique consciente, volontaire, organisée – ce qui permet
de la considérer comme « effective » au sens de « rationnelle ».
Marx a certes écrit, dans *Le Capital*, que « la centralisation
des moyens de production et la socialisation du travail

---

1. On sait que, selon Hegel, l'effectivité (*die Wirklichkeit*, catégorie de
la logique de l'essence) se distingue de la simple « réalité » (*die Realität*,
catégorie de la logique de l'être) qui est représentée comme quelque chose
d'autre et d'extérieur à la pensée et à la raison : au contraire, ne peut être
considéré comme *effectif* que ce qui manifeste extérieurement la rationalité
qui l'habite et le meut intérieurement. C'est pourquoi Hegel écrit que
« l'effectivité, à la différence de la simple apparition, fait si peu face comme
un autre à la raison, qu'elle est bien plutôt ce qui est totalement rationnel, et
ce qui n'est pas rationnel ne peut pas non plus, précisément pour cette raison,
être considéré comme effectif » (Hegel, *Encyclopédie I : La science de la
logique*, Additif au § 142, trad. B. Bourgeois, Paris, Vrin, 1986, p. 575).

atteignent un point où elles deviennent incompatibles avec leur enveloppe capitaliste », ajoutant aussitôt : « on la fait sauter » [1]. Mais, justement, si « *on* la fait sauter », cette « enveloppe », c'est bien parce qu'elle ne saute pas *toute seule*.

Selon ce modèle, on a l'idée que le communisme est déjà là, incarné et porté par la pratique politique et sociale de ceux qui œuvrent dès maintenant à saper l'état de choses existant et à sa complète réorganisation sur de tout autres bases. Le communisme serait présent là, dans l'organisation même d'une telle pratique en tant que pratique collective, consciente et volontaire. La *Critique du programme de Gotha* dira des travailleurs « qu'ils travaillent au renversement des conditions de production actuelles » : le communisme est entièrement là, dans ce travail même et nulle part ailleurs, dans cette œuvre actuelle qui est à la fois (négativement) un travail politique de sape de l'ordre existant et (positivement) la mise au jour (dans la théorie) autant que la mise en œuvre (dans la pratique) des formes de vie plus accomplies qui germent certes dans les flancs de la société actuelle, mais que celle-ci contrarie, détourne et opprime constamment. De sorte que ces formes communistes ou socialistes de vie plus accomplies ne peuvent être expérimentées et mises en œuvre que volontairement *contre* la société actuelle et *en opposition* consciente à elle.

En ce sens, je crois qu'on peut dire que le communisme, selon Marx, c'est certes une *puissance* (au sens d'un potentiel) de la société actuelle, mais une puissance qui ne peut devenir toute seule une *tendance* réelle et vraiment active : sans un travail volontairement et consciemment dirigé *contre* l'état de choses actuel, le communisme comme puissance portée par cet état de choses ne peut pas devenir une tendance

1. LC1, p. 856.

effective, c'est-à-dire offensive et capable d'affronter réellement les obstacles que ce même état de choses dresse contre elle. C'est pourquoi il n'y a pas de passage ni de transition, et encore moins de passage automatique du capitalisme au communisme : le communisme, c'est d'abord la construction et l'accumulation de conditions anti-capitalistes au sein même du capitalisme. Pour une part le capitalisme engendre par son propre développement l'accumulation objective de telles conditions : mais ces conditions ne resteront que des conditions s'il n'y a personne pour s'en saisir et en *faire* quelque chose, c'est-à-dire s'il ne se forme pas effectivement des hommes et des femmes qui pensent, agissent et œuvrent *en tant que* communistes. On peut certes avoir « des communistes sans communisme » (au sens de l'absence de référence à un communisme déjà présent de façon objective et immanente dans le capitalisme), comme le dit Jacques Rancière [1], mais on ne peut assurément pas avoir de communisme sans communistes. En ce sens, Marx, me semble-t-il, n'a pas pensé que le communisme puisse être la réalisation du capitalisme, ou sa vérité, au sens de l'actualisation d'une puissance qui l'habiterait déjà, fût-ce négativement en le minant, et d'une actualisation qui viendrait après lui, lui signifiant à la fois son terme, sa fin et son accomplissement : le communisme n'est pas la réalisation ou l'accomplissement du capitalisme, mais sa *négation*, son autre, et cette négation n'est réelle qu'en étant une négation mise en œuvre de façon consciente et volontaire au sein même du capitalisme *par des*

---

1. J. Rancière, « Communistes sans communisme ? », dans A. Badiou, S. Zizek, *L'idée du communisme, op. cit.*, p. 231 *sq.* L'expression « sans communisme » désigne pour Rancière le refus de toute référence à un communisme conçu soit comme « l'accomplissement d'une nécessité historique », soit comme « le renversement héroïque de cette nécessité » (p. 244).

communistes, c'est-à-dire par des femmes et des hommes qui mettent ici et maintenant en œuvre des formes de vie communistes caractérisées par l'association, l'usage commun des biens et des idées, l'égalité absolue, la contestation des frontières réelles et symboliques et la résistance aux processus de privatisation des biens et des existences comme aux processus d'accumulation par dépossession [1].

Le problème pour nous aujourd'hui est que les porteurs et les maîtres d'œuvre d'une telle négation ne semblent plus pouvoir être désignés avec l'assurance qui était encore, apparemment au moins, celle de Marx. Entendons-nous : je ne veux évidemment pas dire qu'il n'y a plus de prolétaires ou de travailleurs identifiables aujourd'hui, au contraire même, la prolétarisation de couches entières de la population étant un processus que la phase actuelle du capitalisme a accéléré dans des proportions qui étaient insoupçonnables il y a seulement quinze ans. Mais là n'est ni la question, ni le problème, simplement parce que la seule prolétarisation *objective* ne suffit pas et n'a jamais suffi à former *subjectivement* des « communistes ». La question est de savoir *qui* et *où* sont ceux qui, parmi les prolétaires et les travailleurs (matériels ou immatériels) d'aujourd'hui, sont susceptibles d'être ou de devenir communistes, d'agir, de penser et de vivre en communistes, au(x) sens du terme que nous avons tenté de préciser ici : nous n'aurons de réponse à la question que quand ils se montreront comme tels.

---

1. Selon le concept forgé par David Harvey à partir du concept marxien d'accumulation primitive : *cf.* D. Harvey, *Le nouvel impérialisme*, trad. J. Batou, C. Georgiu, Paris, Les prairies ordinaires, 2010, p. 173-211 ; voir aussi M. Perelman, *The Invention of Capitalism : Classical Political Economy and the Secret History of Primitive Accumulation*, Durham, NC, Duke University Press, 2000.

BIBLIOGRAPHIE

ABENSOUR Miguel, *La démocratie contre l'État. Marx et le moment machiavélien*, Paris, P.U.F., 1997.

ALTHUSSER Louis, *Pour Marx*, Paris, Maspero, 1971.

– *Sur la reproduction*, Paris, P.U.F., 1995.

– *Initiation à la philosophie pour les non-philosophes*, Paris, 2014.

— et BALIBAR Étienne, ESTABLET Roger, MACHEREY Pierre, RANCIÈRE Jacques, *Lire le Capital*, Paris, P.U.F., 1996.

ANDERSON Perry, *Considerations on Wester Marxism*, Londres, Verso, 1976.

BADIOU Alain, ZIZEK Slavoj, *L'idée du communisme*, Paris, Lignes, 2010.

BALIBAR Étienne, *La philosophie de Marx*, Paris, La Découverte, 1993, 2ᵉ édition 2014.

– *La crainte des masses. Politique et philosophie avant et après Marx*, Paris, Galilée, 1997.

– « Violence et politique. Quelques questions », dans *Violence et civilité*, Paris, Galilée, 2010.

– *La proposition de l'égaliberté. Essais politiques 1989-2009*, Paris, P.U.F., 2010.

– « Le moment messianique de Marx », dans *Citoyen sujet et autres essais d'anthropologie philosophique*, Paris, P.U.F., 2011.

— et RAULET Gérard (dir.), *Marx démocrate. Le Manuscrit de 1843*, Paris, P.U.F., 2001.

BAROT Emmanuel, *Marx et les deux visages de la révolution*, Paris, La ville brûle, 2010.

BENSUSSAN Gérard, *Moses Hess : la philosophie, le socialisme (1836-1845)*, postface de Franck Fischbach, Hildesheim, Zürich, New York, Olms Verlag, 2004.

– *Marx le sortant*, Paris, Hermann, 2007.

— et LABICA Georges, *Dictionnaire critique du marxisme*, Paris, P.U.F., 1982.

BIDET Jacques, *Que faire du Capital ? Philosophie, économie et politique dans Le Capital de Marx*, Paris, P.U.F., 2000.

– *Explication et reconstruction du Capital*, Paris, P.U.F., 2004.

— et KOUVÉLAKIS Eustache, *Dictionnaire Marx contemporain*, Paris, P.U.F., 2001.

BOURGEOIS Bernard, *Philosophie et droits de l'homme de Kant à Marx*, Paris, P.U.F., 1990.

BOUTON Christophe, *Le procès de l'histoire. Fondements et postérité de l'idéalisme historique de Hegel*, Paris, Vrin, 2004.

CLAIN Olivier (dir.), *Marx philosophe*, Québec, Nota Bene, 2009.

COHEN Gerald A., *Karl Marx's Theory of History : A Defense*, Princeton, Princeton University Press, 1978.

COLLIOT-THÉLÈNE Catherine, *La démocratie sans « demos »*, Paris, P.U.F., 2011.

CORNU Auguste, *Karl Marx et Friedrich Engels*, tome 1 : *Les années d'enfance et de jeunesse, la gauche hégélienne (1818/1820-1844)*, tome 2 : *Du libéralisme démocratique au communisme, la « Gazette Rhénane », les « Annales Franco-Allemandes » (1842-1844)*, tome 3 : *Marx à Paris*, Paris, P.U.F., 1955, 1958, 1962.

DARDOT Pierre, LAVAL Christian, MOUHOUD El Mouhoub, *Sauver Marx ?*, Paris, La Découverte, 2007.

— et LAVAL Christian, *Marx, prénom : Karl*, Paris, Gallimard, 2012.

DERRIDA Jacques, *Spectres de Marx*, Paris, Galilée, 1993.

DUMÉNIL Gérard, LÖWY Michael, RENAULT Emmanuel, *Lire Marx*, Paris, P.U.F., 2009.

ELSTER John, *Making Sense of Marx*, Cambridge, Cambridge University Press, 1985.

FAYÇAL TOUATI Mohammed, DUCANGE Jean-Numa, *Marx, l'histoire et les révolutions*, Paris, La ville brûle, 2010.

– « L'action historique chez Hegel et Marx : de l'esprit aux masses »,
Cahiers philosophiques, n°121, avril 2010, 2ᵉ trimestre.

FEUERBACH Ludwig, *Manifestes philosophiques. Textes choisis
(1839-1845)*, trad. Louis Althusser, Paris, P.U.F., 1973.

– *L'essence du christianisme*, trad. J.-P. Osier, Paris, Gallimard,
1992.

FISCHBACH Franck, « Le Fichte des Jeunes-Hégéliens et la
"philosophie de l'actionî de Cieszkowski et Hess », *Kairos* n°17,
Toulouse, Presses universitaires du Mirail, 2001.

– *L'Être et l'Acte*, Paris, Vrin, 2003.

– *La production des hommes. Marx avec Spinoza*, Paris, P.U.F., 2005
(2ᵉ édition revue et augmentée, Paris, Vrin, 2014).

– *Sans objet. Capitalisme, subjectivité, aliénation*, Paris, Vrin, 2009,
seconde édition en 2012.

— (dir.), *Marx. Relire* Le Capital, Paris, P.U.F., 2009

– *La privation de monde. Temps, espace et capital*, Paris, Vrin, 2011.

– « Marx zwischen politischer und sozialer Philosophie », in
*Marx' Kritik der Gesellschaft. Texte zu Philosophie, Ökonomie
und Politik*, Rahel Jaeggi und Daniel Loick (hrg.), Berlin,
Akademie Verlag, 2013.

FONTENAY Élisabeth de, *Les figures juives de Marx*, Paris, Galilée,
1973.

GARO Isabelle, *Marx, une critique de la philosophie*, Paris, Points-
Seuil, 2000.

GENTILE Giovani, *La philosophie de Marx*, trad. G. Granel et A. Tosel,
Mauvezin, T.E.R., 1995.

GRANDJONC Jacques, *Marx et les communistes allemands à Paris
(Vorwärts, 1844)*, Paris, Maspero, 1974.

– *Communisme/Kommunismus/Communism. Origine et développement
international de la terminologie communautaire prémarxiste
des utopistes aux néo-babouvistes (1785-1842)*, Paris, Éditions
des Malassis, 2013.

GRANEL Gérard, « L'ontologie marxiste de 1844 et la question de
la coupure », dans *Traditionis traditio*, Paris, Gallimard, 1972.

– « Le concept de forme dans *Das Kapital* », dans *Apolis*, Mauvezin, Éditions T.E.R., 2009.

HABER Stéphane, *L'aliénation : vie sociale et expériences de la dépossession*, Paris, P.U.F., 2007.

– *L'homme dépossédé. Une tradition critique de Marx à Axel Honneth*, Paris, CNRS Éditions, 2009.

– *Penser le néocapitalisme*, Paris, Les prairies ordinaires, 2013.

HABERMAS Jürgen, *Connaissance et intérêt*, trad. G. Clemençon, Paris, Gallimard, 1976.

HARDT Michael, NEGRI Antonio, *Empire*, trad. D.-A. Canal, Paris, Exils, 2000.

— et NEGRI Antonio, *Multitude*, trad. N. Guilhot, Paris, La Découverte, 2004.

HARVEY David, *The Limits to Capital*, Londres, Verso, 2006.

– *Le nouvel impérialisme*, trad. J. Batou et C. Georgiu, Paris, Les prairies ordinaires, 2010.

– *The Enigma of Capital and the Crises of Capitalism*, Oxford, Oxford University Press, 2010.

– *Pour lire Le Capital*, trad. N. Vieillescazes, Paris, La ville brûle, 2012.

– *Brève histoire du néolibéralisme*, trad. A. Burlaud *et alii*, Paris, Les prairies ordinaires, 2014.

HENRY Michel, *Marx*, tome 1 : *Une philosophie de la réalité* et tome 2 : *Une philosophie de l'économie*, Paris, Gallimard, 1976

HEGEL G.W.F., *Phénoménologie de l'esprit*, trad. B. Bourgeois, Paris, Vrin, 2006.

– *Principes de la philosophie du droit*, édition critique établie par J.-F. Kervégan, Paris, P.U.F., 2013.

– *Science de la logique. Livre premier – L'être*, textes de 1812 et 1832 traduits et annotés par B. Bourgeois, Paris, Vrin, 2015.

HESS Moses, *Berlin, Paris, Londres : La Triarchie européenne*, trad. M. Espagne, Tusson, Éditions du Lérot, 1988.

HORKHEIMER Max, *Théorie traditionnelle et théorie critique*, trad. C. Maillard, S. Muller, Paris, Gallimard, 1974.

HYPPOLITE Jean, *Études sur Marx et Hegel*, Paris, Librairie Marcel Rivière et Cie, 1955.

JAMESON Fredric, *Le post-modernisme ou la logique culturelle du capitalisme*, Paris, Beaux-Arts de Paris, 2011.

KORSCH Karl, *Marxisme et philosophie*, trad. J. Quétier *et alii*, Paris, Allia, 2012.

LABICA Georges, *Le statut marxiste de la philosophie*, Bruxelles, Complexe, 1976.

– *Karl Marx : les Thèses sur Feuerbach*, Paris, P.U.F., 1987.

LACLAU Ernesto, *Politics and Ideology*, Londres, Verso, 1979.

LINDER Urs, *Marx und die Philosophie. Wissenschaftlicher Realismus, ethischer Perfektionismus und kritische Soziatheorie*, Stuttgart, Schmetterling Verlag, 2013.

LÖWITH Karl, *De Hegel à Nietzsche*, trad. R. Laureillard, Paris, Gallimard, 1969.

LÖWY Michaël, *La théorie de la révolution chez le jeune Marx*, Paris, Maspero, 1970.

LORAUX Patrice, *Les sous-main de Marx*, Paris, Hachette, 1986.

MACHEREY Pierre, *Marx 1845. Les « Thèses » sur Feuerbach : traduction et commentaire*, Paris, Éditions Amsterdam, 2008.

MCLELLAN David, *Les jeunes hégéliens et Karl Marx. Bauer, Feuerbach, Stirner, Hess*, trad. A. McLellan, Paris, Payot, 1972.

MARTINEAU Jonathan (dir.), *Marxisme anglo-saxon : figures contemporaines*, Montréal, Lux Éditeur, 2013.

MARX Karl, *Œuvres* en 4 tomes : *Économie I* et *II, Philosophie, Politique*, édition M. Rubel (dir.), « Bibliothèque de La Pléiade », Paris, Gallimard, 1965, 1968, 1982, 1994

– *La guerre civile en France, 1871 (La Commune de Paris)*, avec une introduction de Friedrich Engels et des lettres de Marx et Engels, sans indication de traducteur, Paris, Éditions sociales, 1952.

– *Contribution à la critique de l'économie politique*, trad. M. Husson, G. Badia, Paris, Éditions sociales, 1957.

– *Critique du droit politique hégélien. Manuscrit de 1843*, trad. A. Baraquin, Paris, Éditions sociales, 1975.

– *Le Capital. Critique de l'économie politique*, Livre 2 : *Le procès de circulation du capital*, trad. E. Cogniot, C. Cohen-Solal, G. Badia, Paris, Éditions sociales, 1977.

– *Le Capital. Critique de l'économie politique*, Livre 3 : *Le procès d'ensemble de la production capitaliste*, trad. C. Cohen-Solal, G. Badia, Paris, Éditions sociales, 1977.

– *Manuscrits 1861-1863 (Cahiers I à V)*, trad. J.-P. Lefebvre (dir.), Paris, Éditions sociales, 1979.

– *Manuscrits de 1857-1858, « Grundrisse »*, 2 t., trad. J.-P. Lefebvre (dir.), Paris, Éditions sociales, 1980.

– *Le Capital. Critique de l'économie politique*, Livre 1 : *Le procès de production du capital*, trad. J.-P. Lefebvre (dir.), Paris, P.U.F., 1993.

– *Manuscrits économico-philosophiques de 1844*, trad. et notes F. Fischbach, Paris, Vrin, 2007.

– *Critique du programme de Gotha*, trad. S. Dayan Hertzbrun, Paris, Éditions sociales, « GEME », 2008.

– *Le chapitre VI. Manuscrits de 1863-1867. Le Capital, Livre 1*, trad. G. Cornillet, L. Prost, L. Sève, Paris, Éditions sociales, « GEME », 2010.

—— et MARX Jenny, *Lettres d'amour et de combat*, trad. J.-O. Bégot, Paris, Éditions Payot et Rivage, Rivages Poche, 2013.

MARX Karl, ENGELS Friedrich, *Manifeste du parti communiste*, sans indication de traducteur, Paris, Éditions sociales, 1954.

—— *Werke* (« MEW », 38 + 2 volumes), Berlin, Dietz Verlag, 1961-1968.

—— *L'idéologie allemande*, trad. dir. par G. Badia, Paris, Éditions sociales, 1968.

—— *La Sainte Famille ou : Critique de la critique critique, contre Bruno Bauer et consorts*, trad. E. Cogniot, Paris, Éditions sociales, 1969.

—— et MARX Jenny, *Lettres à Kugelmann*, trad. G. Badia, Paris, Éditions sociales, 1971.

—— und WEYDEMEYER Joseph, *Die deutsche Ideologie*. Artikel, Druckvorlagen, Entwürfe, Reinschriften- fragmente und Notizen zu *I. Feuerbach* und *II. Sankt Bruno*, Band 1 : Text, bearbeitet von I. Taubert und H. Pelger, *Marx-Engels Jahrbuch 2003*, hrsg.

von der Internationalen Marx-Engels-Stiftung, Amsterdam, Akademie Verlag, Berlin, 2004.

— *L'idéologie allemande*, 1ᵉʳ et 2ᵉ chapitres, trad. J. Quétier, G. Fondu, Paris, Éditions sociales, 2014.

MERCIER-JOSA Solange, *Pour lire Hegel et Marx*, Paris, Éditions sociales, 1980.

NEGRI Antonio, *Marx au-delà de Marx. Cahiers de travail sur les « Grundrisse »*, trad. R. Silberman, Paris, Christian Bourgois éditeur, 1979.

PEPPERLE Heinz und Ingrid (Hrsg.), *Die Hegelsche Linke. Dokumente zu Philosophie und Politik im deutschen Vormärz*, Leipzig, Reclam, 1985.

PERELMAN Michael, *The Invention of Capitalism : Classical Political Economy and the Secret History of Primitive Accumulation*, Durham, NC, Duke University Press, 2000.

PETRUCCIANI Stefano, *A lezione da Marx. Nuove interpretazioni*, Roma, Manifestolibri, 2012.

POSTONE Moishe, *Time, Labor and social Domination. A Reinterpretation of Marx's critical Theory*, Cambridge (UK), Cambridge University Press, 1993.

POULANTZAS Nicos, *L'État, le pouvoir, le socialisme*, Paris, Les prairies ordinaires, 2013.

PREVE Constanzo, *Histoire critique du marxisme. De la naissance de Marx à la dissolution du communisme historique au XXᵉ siècle*, trad. B. Eychart, Paris, Armand Colin, 2011.

RANCIÈRE Jacques, « Communistes sans communisme ? », dans A. Badiou, S. Zizek, *L'idée du communisme*, Paris, Lignes, 2010.

RENAULT Emmanuel, *Marx et l'idée de critique*, Paris, P.U.F., 1995.

– *Marx et la philosophie*, Paris, P.U.F., 2014.

– *Connaître ce qui est. Enquête sur le présentisme hégélien*, Paris, Vrin, 2015.

RÖTTGERS Kurt, *Kritik und Parxis. Zur Geschichte des Kritikbegriffs von Kant bis Marx*, Berlin, New York, Walter de Gruyter, 1975.

ROSDOLSKY Roman, *La genèse du « Capital » chez Karl Marx, I : Méthodologie, théorie de l'argent, procès de production*, trad. J.-M. Brohm, C. Colliot-Thélène, Paris, Maspero, 1976.

SAYER Derek, *Marx's Method*, Sussex, The Harvester Press Ltd, 1979.

– *Readings from Karl Marx*, Londres, New York, Routledge, 1989.

SCHMIDT Alfred, *Le concept de nature chez Marx*, Paris, P.U.F., 1994.

SÈVE Lucien, *Penser avec Marx aujourd'hui*, tome 1 : *Marx et nous*, tome 2 : « *L'homme* », tome 3 : « *La philosophie* », Paris, La Dispute, 2004, 2008, 2014.

– *Aliénation et émancipation*, Paris, La Dispute, 2012.

SOBEL Richard, *Capitalisme, travail et émancipation chez Marx*, Lille, Septentrion, 2012

TOSEL André, *Praxis*, Paris, Éditions sociales, 1984.

– *Le marxisme au XXe siècle*, Paris, Éditions Syllepse, 2009.

TOUBOUL Hervé, *Marx avec Hegel*, Toulouse, Presses Universitaires du Mirail, 2010.

VIOULAC Jean, *L'époque de la technique. Marx, Heidegger et l'accomplissement de la métaphysique*, Paris, P.U.F., 2009.

– « Révolution et démystification dans la pensée de Karl Marx », *Actuel Marx*, 2013/1, n°53, P.U.F., 2013.

WOOD Ellen M., *Democracy against Capitalism*, Cambridge, Cambridge University Press, 1995.

– *L'empire du capital*, Montréal, Lux Éditeur, 2011.

TABLE DES MATIÈRES

Imprimé en France par CPI
en avril 2015

Dépôt légal : avril 2015
N° d'impression : 128356